KB274016

위즈덤하우스는

새로운 시대를 이끌어가는

지혜의 전당입니다.

진정한 프로를 꿈꾸는

이기적인
직장인

이기적인 직장인

초판 1쇄 인쇄 2007년 12월 15일   초판 1쇄 발행 2007년 12월 21일

지은이 안상헌   **펴낸이** 김태영

기획편집 3분사_부서장 노창현   **책임편집** 김영혜
기획편집 3분사 노창현 최수진 고호장 강재인 김영혜
본문디자인 이창욱

상무 신화섭   **COO** 신민식
콘텐츠사업 노진선미 이영지 이화진
홍보마케팅 분사_부분사장 정덕식   **영업관리** 김은실 이재희
마케팅 권대관 송재광 곽철식 이희태 박신용 김형준 이귀애 최진 정주열
인터넷사업 정은선 왕인정 김미애 정진
홍보 임태순 허형식   **광고** 정소연 김혜선 이세윤 이둘숙
본사_본사장 하인숙   **경영혁신** 김성자   **재무** 김도환 고은미 봉소아 최준용
제작 이재승 송현주   **HR 기획** 송진혁 양세진

펴낸곳 (주)위즈덤하우스   **출판등록** 2000년 5월 23일 제13-1071호
주소 서울시 마포구 도화동 22번지 창강빌딩 15층   **전화** 704-3861   **팩스** 704-3891
홈페이지 www.wisdomhouse.co.kr
출력 (주)미광원색사   **종이** 화인페이퍼   **인쇄** (주)미광원색사   **제본** 세원제책사

값 12,000원   ISBN 978-89-6086-079-7 03320

* 잘못된 책은 바꿔드립니다.
* 이 책의 전부 또는 일부 내용을 재사용하려면 반드시 사전에
저작권자와 (주)위즈덤하우스 양측의 서면에 의한 동의를 받아야 합니다.
* 이 도서의 국립중앙도서관 출판시도서목록(CIP)은 e-CIP 홈페이지 (http://www.nl.go.kr/ecip)에서
이용하실 수 있습니다. (CIP제어번호: CIP2007003877)

진정한 프로를 꿈꾸는

이기적인 직장인

THE SELFISH WORKER

안상헌 지음

위즈덤하우스

진정한 프로를 꿈꾸는 이기적인 직장인

생존하기에도 급급한 시대라고들 말한다. 하지만 생존하기에 급급하다고 해서 자기성찰과 능력계발에 소홀하다면 그만큼 위험한 것도 없다. 아이러니하게도 생존에만 집착해서는 내일을 보장할 수 없는 것이 우리의 현실이다. 회사에 충성한다고 회사가 미래를 책임져주지 않는다. 그런 시대는 이미 오래전에 지나갔다. 실력이 뒷받침되지 않으면 아무리 회사에 복종하고 충성해도 소용없다.

이 땅에서 살아가는 모든 직장인들은 이미 알고 있다. 언젠가 회사가 자신을 버릴 수 있다는 사실을. 그리고 그 전에 먹고 살만한 무기들을 준비해야한다는 것도. '충성'의 시대가 가고 '충실'의 시대가 온 것이다. 충성은 조직과 같은 외부의 어떤 대상을 전제로 한다. 반면 충실은 자기 자신의 내부로 향하는 어떤 것이다. 자신의 내부를 충실히 채워낼 때 충성도 의미 있다.

자기만의 분야에서 자기만의 기술과 능력을 보유한 사람을 프로페셔널이라고 부른다. 그들의 대부분은 조직생활을 통해서 단련되었고 그 과정에서 자신만의 분야를 개발하고 투자하는 노력을 아끼지 않았다.

그러면서 조직생활을 통해 배운 것을 오롯이 자신의 것으로 만들었다. 조직의 입장에서는 이기적인 모습으로 비칠지도 모른다. 하지만 개인의 입장에서 보면 그만큼 생산적인 것도 없다. 그리고 결국 조직의 생산성에 기여하고 80%의 실적을 내는 것도 그들이다. 이기적인 직장인으로 일한다는 것은 조직에 해가 되기보다는 오히려 회사와 자신의 성장에 플러스 요인이 된다.

'이기적인 직장인'의 꿈을 실현하기 위해 첫발을 내딛던 날, 나는 두 가지 목표를 세웠다. 하나는 자기변화의 전문가가 되겠다는 것이었고, 다른 하나는 책 읽기에 대한 전문가가 되겠다는 것이었다. 내가 변화된 경험을 잘 살려서 현실에 살아 있는 직장인들의 삶을 올바로 인식하고 그들의 변화를 자극할 수 있다면 차별화가 가능하다고 믿었다. 독서에 관한 부분에서는 워낙 책을 좋아했고 많이 읽었기 때문에 갈래를 잡고 정리만 하면 된다는 확신도 있었다. 그렇게 계획과 실천, 피드백이 반복되는 나만의 프로젝트를 진행시켰다. 그 과정에 5년 이상 걸렸다. 운 좋게도 결과가 있어 여러 권의 책도 낼 수 있었고 지금은 제법 유명세를 타는 전문강사로 자리매김도 하게 되었다.

최근에 알게 된 사실이지만 많은 직장인들이 나를 자신들의 역할모델로 생각하고 있었다. 회사를 다니면서 책도 쓰고, 강의도 하며 자기 분야를 개척하고 있기 때문일 것이다. 이런 사실은 많은 직장인들이 나와 비슷한 꿈을 꾸고 있다는 의미를 내포하고 있다. 그런 의미에서 나의 지난 경험들을 정리하고 성장해왔던 방법들을 살펴보는 것은 큰 의미가 있다고 생각했다. 나에게는 지난날들을 정리하고 점검해보는 기회가 될 것이고, 독자들에게는 '어떻게' 라는 궁금증을 해소함과 동시에 자신의 미래를 변화시킬 수 있는 단초들을 발견해낼 수 있을 것이기 때문이다.

세상에는 많은 길이 있지만 그 길을 찾고 발을 내딛는 것은 결국 사람이다. 사람이 가지 않는 길은 의미가 없다. 길은 사람이 만들고 사람은 길을 따라간다. 그런 의미에서 이 책은 내가 걸어온 길에 관한 기록이며 내 삶의 지도와 같은 것이다. 또한 길을 잃은 사람들에게 이정표가 되고 싶다는 의지의 표현이기도 하다.

1장에서는 생존과 독립을 위한 자세와 태도를, 2장에서는 직장인으로 프로페셔널이 되기 위한 자기 목표의 설정과 관리방법을, 3장에서는 지식의 습득과 사용을, 4장에서는 회사와 목표를 조율하며 지식사회의 전문가로 성장하기 위한 구체적인 자기관리 방법들을 다루었다.

책을 낸다는 것은 자신을 돌아보는 일이며 그것은 곧 부끄러움이 포함되는 작업이다. 부족한 자신과 그것을 뛰어넘기 위해 몸부림친 기억들을 새삼 떠올리며 이 책을 접하는 모든 분들에게 용기와 힘을 줄 수 있는 의미로 남기를 바란다.

안상헌

차례

들어가는 말   4

Chapter 1 회사에 들어가는 방법과 살아남는 방법은 다르다

입사하기와 살아남기의 차이점   …15

실패가 반복되는 이유   …20

독립적인 사람들의 사고방식   …25

자신을 가로막는 전제조건   …30

자기변화관리의 역할모델   …35

자기 삶을 주도하고 홀로 서는 법   …40

이기적인 직장인의 십계명   …45

밥 얻어먹고 칭찬받는 사람   …52

용기의 차이가 명품을 만든다   …58

Chapter 2 목표가 없으면 길도 없다

날마다 나를 새롭게 하는 힘 ...65

생각하는 대로 이룬다 ...71

가장 닮고 싶은 사람을 정한다 ...75

약점을 강점으로 뒤집는다 ...80

문제해결을 위한 도구상자 만들기 ...85

하루를 보내는 특별한 방식 ...92

먼 길을 가는 타잔의 지혜 ...97

자신만의 프로젝트 만들기 ...102

업무 수첩은 인생 수첩이다 ...108

회의시간은 기획시간이다 ...114

자신만의 포트폴리오 만들기 ...120

하기 싫은 일은 대충한다 ...125

Chapter **3** 전문가의 학습지도를 가져라

장기적 관점이 차이를 만든다 · · · 133

무엇을 배워야 하는지를 배운다 · · · 138

학습모임의 힘을 이용한다 · · · 143

가장 느린 것이 성취를 결정한다 · · · 148

변명하는 습관 버리기 · · · 153

지식노동자의 자원과 무기 · · · 160

일에서 지식을 사용하는 법 · · · 167

전문가의 학습지도 만들기 · · · 173

필요한 시간 동안 필요한 행동을 한다 · · · 179

서두른 독립은 위험하다 · · · 185

Chapter 4 프로페셔널로 살아라

독점적인 브랜드로 키우기 ...193

아이디어 구체화시키기 ...198

믿을 수 있는 것도 능력이다 ...203

주먹구구형에서 타킷형 자기계발로 ...208

일의 의미를 가진 진정한 전문가 ...214

전문가는 자신만의 책을 준비한다 ...219

회사의 고객을 나의 고객으로 ...224

현명한 사람으로 주위를 채우는 방법 ...229

최고의 정신이 최고의 결과를 낳는다 ...234

성공과 실패를 넘어서 ...240

회사에 들어가는 방법과
살아남는 방법은 다르다

입사하기와 살아남기의 차이점

부러움의 대상

"부럽습니다. 하고 싶은 일하시면서 자유롭게 사시는 모습이. 정말 부럽습니다."

"선배님은 저의 역할모델이에요. 저도 선배님처럼 자기주도적으로 회사생활하면서 강의도 하고 책도 써서 성공하고 싶어요. 사실 선배님은 지금이라도 회사 그만두실 수 있잖아요. 스스로 회사를 다닐지 그만둘지 결정할 수 있다는 게 정말 행복한 일인 것 같아요. 자기 삶의 결정권이 스스로에게 있잖아요. 부러워요."

최근 들어 부쩍 이런 메일을 자주 받게 된다. 그럴 때마다 제법 유명세를 타나 싶어 으쓱해지기도 하고 마치 예전의 내 모습을 보는 것 같아 미소를 짓게 되기도 한다. 예전에 나도 성공한 사람들을 역할모델로 정해두고 그 삶의 방식들을 따라간 적이 있다. 하지만 이제는 내가 다른 사람들이 부러워하는 대상이 되었고 직장인들의 역할모델이 되었다. 강의를 갈 때마다 나를 알아보는 사람들은 '어떻게' 하면 그렇게 될 수 있는지 물어오곤 한다. 동료들 또한 내색은 하지 않지만 많은 것을 물어보고 싶어하는 눈치다. 아마 지금 나의 상태가 그들이 희망하는 미래의 모습과 가깝기 때문일 것이다. 하지만 그들이 던지는 '어떻게' 라는 물음에 대한 답은 쉽지도 않고 간단하지도 않다. 한마디 말로 표현할 수 있는 성질의 것이 아니기 때문이다. 하지만 그들의 '어떻게' 라는 물음에 가장 먼저 주고 싶은 나의 대답은 이렇다.

"회사에 들어오기 전과 후는 완전히 다르다. 나는 입사하기 전의 생각을 완전히 버리고 직장생활이라는 새로운 방식에 적응하고 성장하기 위해 예전과 다르게 생각했던 것뿐이다. 하지만 이 차이가 자신의 미래를 만들어가려는 사람에게는 꼭 필요한 생각의 전환이라고 본다."

입사하기와 살아남기는 다르다

회사에 들어가기 위해서 준비하는 활동과 입사한 후에 이루어지는 활동은 전혀 다르다고 생각한다. 입사시험에 합격하기 위해서는 다양한 지식이 가장 중요하다. 전문가보다는 일반가가 되어야 한다. 많이 알수록 합격할 가능성이 높기 때문이다. 이는 장기적인 승부라기보다는 몇 년 내에 이루어지는 단기승부에 해당된다. 입사준비는 오래 할수록 승산이 없다. 단번에 끝내는 것이 가장 효과적이다.

그 과정에서 도전정신은 필수적이다. 할 수 있고 해내고야 말겠다는 도전정신으로 자신을 몰아붙일 수 있어야 날고 기는 사람들과의 경쟁에서 승리할 수 있다. 물론 수험기간 동안의 강한 몰입력도 중요한 요소임에 분명하다. 그리고 이 모든 과정은 철저히 혼자 해야만 한다.

반면 입사를 한 후 회사 안에서 살아남고 전문가가 되기 위한 과정은 좀 다르다. 살아남기 위해서는 무엇인가에 능통한 전문가가 되어야 한다. 다른 사람들보다 모든 면에서 잘할 수도 없고 잘할 필요도 없지만 한 분야에서는 반드시 잘해야 한다. 마키아벨리식으로 말하자면 스페셜리스트가 되어 대체가능성을 줄이는 것이다. 나를 대신해서 다른 사람이 그것을 할 수 있다면 나는 경쟁력이 없다. 하지만 내가 없으면 아무도 할 수 없는 일이라면 생존은 당연히 보장된다.

직장생활은 장기적인 자기관리가 필수적이다. 입사할 때처럼 단기간에 끝낼 수 있는 성질의 것이 아니기에 자기 자신을 경영한다는 마인드와 함께 장기계획을 머릿속에 새겨 두고 하루를 움직여야 한다. 또한 회사의 목표와 개인의 목표를 적절히 조절할 수 있는 유연성이 필요하다.

그 다음 지식을 습득하는 활동과 함께 그것을 활용하는 현장 활용 능력의 개발도 중요하다. 물론 대인관계가 중요하게 작용하기 때문에 고객과 동료에 대한 서비스 정신으로 철저히 무장하는 것도 필요하다. 거기에 문제를 새로운 각도로 보는 눈과 함께 실제적인 문제를 해결하는 능력도 갖추어야 한다. 이 모든 것은 자기경영이라는 큰 패러다임을 가지고 자기 인생의 큰 그림을 머릿속에 항상 넣어두고 있어야만 실현 가능하다.

입사하기	영역	살아남기
일반가	스타일	전문가
단기승부	시간 전망	장기승부
도전정신	마인드	자기경영
지식 습득	지식	지식 사용
집중력	능력	문제해결력
IQ	지능	EQ, SQ

기존의 방식을 버리고 필요한 방식을 취하라

우리는 입사라는 성공적인 경험에 기대어 그때 사용했던 방식이 아직도 유용하다고 믿는 경향이 있다. 그래서 입사 후에도 계속해서 그 방식을 고집한다. 하지만 나라를 세우는 데 적합한 방식이 나라를 세운 후에도 유용한 경우는 거의 없다. 위기의 시기에는 위기의 리더십이, 안정의 시기에는 안정의 리더십이 필요하다. 강을 건넌 후에는 배를 버려야지 머리에 이고 갈 수는 없는 노릇이다.

성공적인 직장생활 역시 마찬가지다. 처음 입사할 때 가졌던 믿음과 사고방식들은 본격적인 회사생활에 임하게 되면 완전히 바꿔야 한다. 입사 후 2년 이상의 기간 동안 나는 그것을 몰랐다. 무조건 열심히만 하면 된다고 생각했고 모든 것을 다 잘하려고 노력했다. 하지만 모든 것을 열심히 하는 것은 입사할 때까지 취업준비에 필요한 방식이지 회사생활을 잘하는 방식은 아니었다.

이런 깨달음은 나를 밝은 세상으로 인도해주었다. 회사에서 부딪혀 오는 일상의 문제들을 어떤 관점에서 접근해나가야 할지 가르쳐 주었기 때문이다. 자기경영이란 일상의 일들에 대처하는 자기만의 방법을 가지

 이기적인 직장인

는 것을 말한다. 따라서 자신의 관점을 확장시키는 것이 핵심이다.

승진을 한 후 그 자리가 요구하는 새로운 패러다임을 가지려는 노력이 필요하듯 새로운 장소에 들어가거나 새로운 만남을 하거나 새로운 시대에 접어들게 되면 그것이 요구하는 것은 무엇인지를 점검하는 태도가 필요하다. 그런 안목이 없을 때 삶은 자신의 통제권에서 벗어난 것처럼 느껴지고 될 대로 되라는 식으로 자포자기하게 된다. 지금 막 새로운 환경으로 옮겼다면 자신에게 필요한 태도가 무엇인지 점검해볼 때다.

실패가 반복되는 이유

똑같은 결과

늦깎이 후배의 결혼식에서 오래전에 연락이 끊겼던 선배를 만났다. 대학생활 동안 후배들에게 모범이 되었던 선배였는데 무슨 이유에선지 연락이 끊어졌다가 다시 만난 것이었다. 돌아오는 길에 두 명의 후배와 같은 차를 탔다. 차를 타고 오는 동안 나이 차이가 10년 이상 나는 후배들의 이야기는 일이 잘 풀리지 않는다는 주제로 이어졌다. 계속 듣고 있던 선배가 이런 말을 했다.

"자기 인생에서 똑같은 일들이 반복되는 이유가 뭘까? 아니, 이유는 그렇다 치고 똑같은 일에 똑같이 반응하면 어떤 결과가 일어날까?"

"똑같은 결과가 나오겠죠."

후배들 중 하나가 대답했다.

"그래. 너희는 지금 그걸 하고 있는 거야. 똑같은 일에 똑같이 반응하는 것. 너희들 말을 들어보니까 상황만 조금씩 달랐지 문제에 대응하는 방법은 모두 똑같은 것 같아. 그러니 실패가 반복되지. 문제상황에 대응하는 방법을 바꾸지 못하면 실패는 당연한 거야.”

성장하는 사람과 무너지는 사람

그때까지 듣고만 있던 나는 속으로 뜨끔했다. 지금까지 나도 천편일률적으로 반응하지는 않았었나 하는 생각이 들었기 때문이다. 시간이 지나면서 사람은 성장한다. 하지만 육체적인 성장은 삶의 어느 순간이 되면 멈추게 된다. 그리고 곧 퇴보하고 늙어간다. 하지만 정신만은 늙거나 퇴보하지 않을 수 있다. 정신은 육체와 달리 물리적인 시간에 구속되지 않기 때문이다.

우리는 나이가 들면 정신적으로도 자연히 계속 성장한다고 믿고 있는 듯하다. 그렇다면 우리의 정신이 성장하고 있는 만큼 우리의 문제 대응 방식도 조금씩 달라지고 발전하고 있어야 하는 것은 아닐까? 그런데 왜 비슷한 결과들이 반복해서 일어나는 것일까? 우리는 성장하고 있다고 믿고 있지만 사실은 그렇지 못한 것은 아닐까?

현대인의 삶은 걱정과 위기의 연속이다. 20세가 되기 전에는 좋은 대학에 들어가기 위한 걱정을 한다. 30세가 되기 전에는 좋은 곳에 취업하기 위해 걱정을 하고, 30대에는 결혼을 하고 아파트를 장만할 걱정을 한다. 40대가 되어도 걱정은 끝나지 않고 실업에 대한 걱정과 아이들의 미래에 대한 걱정을 짊어지고 살아간다. 50세가 넘어서는 명예퇴직을 걱정하고 노후를 대비하지 않으면 안 되고 노인이 되어서도 자식들과 죽음을 걱정하며 살아야 한다. 이렇게 죽기 직전까지 걱정에 걱정을 반복하다가 눈감을 때에야 ‘내가 왜 걱정만 하고 살았나’ 하고 후회하며 잠이 든다.

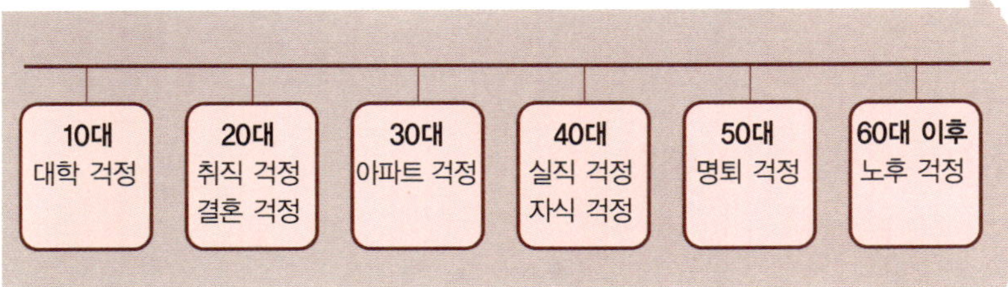

살아가는 과정에서 이런 걱정거리들이 현실화되면 그것은 ‘위기’가 된다. 그리고 위기상황에 현명하게 대처하지 못하면 작은 실패를 만나게 된다. 계속해서 작은 실패가 누적되면 다시 일어서기 어려운 상태로 떨어지게 된다. 인생 전체가 실패하게 되는 것이다.

자기 인생에서 좋지 않은 일이 반복적으로 일어나면 어떤 사람은 내 인생은 왜 이러냐고 주변을 향해 손가락질을 해댄다. 하지만 그때 현명한 사람들은 같은 일이 반복되지 않게 하려면 무엇을 해야 하는지를 생각한다. 그러고 나서 필요한 행동을 실천으로 옮긴다. 실패의 순간에 다음에 찾아올 기회의 순간을 대비해서 무엇인가를 배우는 것이다. 이것은 실패의 반복을 멈추는 최선의 방법이다. 같은 일에 대해서 다르게 반응하는 방법을 찾아내는 것. 이것이 자기 삶을 변화시키고 발전시키는 중요한 방법이다.

매번 인간관계적인 갈등으로 괴로워하는 사람이 있다. 사람이 싫어서 피했더니 다른 곳에서도 마찰이 생긴다. 이런 경우 갈등이 생긴 사람을

  이기적인 직장인 ■

피해서 다른 회사로 옮긴다고 해도 소용이 없다. 다른 회사에도 비슷한 유형의 사람이 존재하기 때문이다. 관계를 개선할 수 있는 다른 선택을 하지 않는 한 비슷한 갈등은 계속해서 일어날 것이다.

고객과의 갈등을 유발하는 사람은 정해져 있기 마련이고, 상사와의 소모적인 마찰로 자신의 에너지를 방전시키는 사람도 항상 있으며, 새로 시도하는 일마다 사흘을 못 견디고 포기하는 사람도 따로 있다. 비슷한 상황에서 비슷하게 반응하는 것이 몸에 배어 습관화되어 있기 때문이다. 이렇게 문제는 그것에 대응하는 방법을 바꾸지 않는 한 항상 우리를 따라다니게 된다.

우리는 두레박이다

철학자 게오르그 짐멜(Georg Simmel)은 "모든 사람은 바다에서 그가 가진 그릇의 크기와 형태에 따라 물을 퍼 올릴 수 있다"고 했다. 우리가 살고 있는 세상은 바다이다. 그리고 우리는 다양한 모양의 그릇이다. 우리가 가진 그릇은 모양도 크기도 제각각으로 다르다.

내가 바다에서 퍼 올릴 수 있는 물의 양은 내가 가진 그릇의 크기에 따라 좌우된다. 내가 가진 그릇이 크면 많은 양의 물을 퍼 올릴 것이고 그릇이 작으면 물의 양도 적을 수밖에 없다. 하물며 구멍 난 그릇이라면 말해서 무엇할까. 세상이라는 바다에서 물을 퍼 올릴 때 주의할 점은 내 두레박의 크기와 모양을 살펴보고 손질하는 것도 멈추지 않아야 한다는 것이다.

더 많은 물을 퍼 올리고 싶다면 더 큰 그릇이 되는 수밖에 없다. 작은 그릇으로 큰물을 퍼 올리는 것은 불가능하다. 그런 시도가 잦을수록 우리는 다른 사람이나 주변 환경을 비난할 가능성이 높아진다. 결국 불행해지는 것은 우리 자신이다.

이제 문제는 명확해졌다. 우리의 실패가 반복되는 이유는 비슷한 상황에서 비슷한 행동을 반복하기 때문이다. 실패하지 않을 다른 행동을 찾아내고 그 행동에서 배우지 않는 한 실패는 반복된다. 두레박은 거짓말을 하지 않는다. 우리가 가진 그릇의 크기만큼 우리는 얻을 수 있다. 똑같은 실패를 반복하지 않는 비결은 자신의 두레박을 점검하고 수리하고, 스스로 그 모양과 크기를 키워나가는 방법뿐이다.

지금부터라도 자신의 두레박을 키우기 위해 무엇이 필요하며 무엇을 배워야 할지 점검할 수 있는 사람이 되어야 한다.

독립적인 사람들의
사고방식

링겔만 효과

독일의 심리학자 링겔만(Ringelmann)은 줄다리기를 통해 재미있는 실험을 했다. 링겔만은 일대일로 줄다리기를 했을 때 개인당 힘의 크기를 100으로 측정했다. 그러고 나서 다시 이대이로 줄다리기를 했다. 이때 개인당 평균적인 힘의 크기는 93이었다. 삼대삼으로 줄다리기를 했더니 85였고, 8명이었을 때는 49밖에 되지 않았다. 참여하는 사람들의 수가 많아질수록 개인당 노력도는 떨어지는 경향이 있다는 것이 그의 결론이었다.

직장생활도 마찬가지다. 내가 회사라는 큰 조직의 일원으로서 생활한다는 소속감을 갖게 되면 최선을 다하지 않고 무임승차하려는 경향이 강해진다. 반면 내 인생은 스스로 책임진다는 독립적인 생각으로 회사생활에 임하게 되면 하루하루 자기 삶에 최선을 다할 수 있다. 직장인의 마인드가 아닌 직업인의 마인드를 가지게 되는 것이다. 이것이 장기화

되었을 때 자신의 경쟁력이 되고 남다른 차이점이 되며 누적된 힘으로 발휘될 수 있다.

편한 것 대신 잘할 것을 찾아라

'제발 좀 편한 부서에서 일해봤으면 좋겠다.'

직장생활 초기에 나는 불평불만하는 고객이 없고 업무시간에 부산하게 뛰어다니지 않아도 되는 부서에서 편하게 일했으면 좋겠다는 생각을 자주 했다. 열심히 하기만 하면 된다는 입사 전의 사고방식으로 이것저것 닥치는 대로 뛰어다니다가 '열심히'가 답이 아닐 수도 있다는 것을 깨달았다. 그리고 어딘가 '현명하게' 일하는 법이 있을지도 모른다는 생각이 들었다. 몸은 열심히 뛰어다녔을지 모르지만 마음은 좀더 '편하게', 그리고 어딘가 있을 '현명하게'를 찾고 있었다.

사실 그때까지 나는 아무런 바탕이 없었다. 내가 무엇을 알고 있으며 무엇을 배워야 하고 무엇을 어디에 적용시켜야 하는지 전혀 몰랐기 때문이었다. 정작 필요한 것은 그것이었는데 말이다. 그러다 보니 몸으로 뛰어다니는 것만으로는 성과도 잘 드러나지 않고 발전도 더디다는 것을 알게 되었고 새로운 무엇인가를 갈망하게 되었다. 그 갈망이란 편하게 일하고 싶다는 것과 함께 지금보다 더 발전하고 싶다는 이중적인 소망이었다. 간단히 말하면 쉽게 돈 벌고 싶다는 위험한 생각이었다.

그러던 어느 날 선배와 대화를 하다가 이런 이야기를 듣게 되었다.

"이 친구 안 되겠구먼. 젊은 친구가 생각이 그게 뭐야! 어디 가면 편할까 생각하는 녀석이 뭘 하겠어. 자네 나이 때는 어디 가면 편할까가 아

　　　　　　　　　　　　　　　이기적인 직장인 ▪

니라 어디 가면 잘할 수 있을까를 생각해야 해. 그래야 발전하지. 답답한 친구 같으니."

그 순간, 방어의식이 나를 사로잡았다. 자기는 뭘 잘한다고 나 보고 핀잔이냐 는 식으로 받아들인 것이다. 하지만 시간이 지날수록 그의 말은 잊혀지지 않고 뇌리를 파고 들어왔다. 잊혀지지 않는 말은 언젠가 지배적인 생각으로 주도권을 쥐게 마련이다. 차츰 나는 편한 부서를 찾는 일을 그만두고 제대로 할 수 있고 내게 필요한 곳이 어디인지를 찾기 시작했다.

이 경험을 통해서 나는 새로운 생각으로 패러다임을 전환하게 되었다. 그것을 정리해보면 아래 표와 같다.

의존적인 사람들의 사고방식	독립적인 사람들의 사고방식
• 어디가 좀더 편할까?	• 어디를 가면 좀더 잘할 수 있을까?
• 어떻게 하면 빨리 할 수 있을까?	• 어떻게 하면 제대로 할 수 있을까?
• 무엇을 하면 돈이 될까?	• 무엇을 해야 가치 있는 일일까?
• 남들(상사)에게 일하는 것처럼 보이기 위해서는 무엇을 해야 할까?	• 지금 나에게 가장 중요한 일은 무엇일까?

대부분의 직장인은 어디를 가면 좀 편하게 일할 수 있을까를 생각한다. 하지만 그것은 독립적인 사람이 가져야 할 사고방식이 아니다. 독립적인 사람들은 어디를 가면 편할까 대신에 어디를 가면 가장 잘할 수 있을까를 생각한다. 또한 그들은 어떻게 하면 '빨리' 할까를 고민하기보다 어떻게 하면 '제대로' 할까를 고민한다.

이런 독립적인 사고방식이야말로 자기 일에서 100%의 힘을 발휘할 수 있게 하는 원동력이다. 내 인생의 줄다리기는 혼자 하는 줄다리기여야 한다. 그런 의미에서 우리는 모두 자기 삶의 CEO가 되어야 한다.

회사는 나의 고객

회사에서 독립적인 사고로 살아가기 시작하면서 내가 회사를 대하는 태도도 바뀌었다. 가장 먼저 회사가 나의 고객이라는 사실을 인정하게 되었다. 회사를 나의 고객으로, 내가 서비스를 제공하고 만족시켜야만 하는 대상으로 생각하게 된 것이다. 내가 제공하는 제품이나 서비스의 질이 떨어질 때 회사는 나에게 개선을 요구할 수 있다. 만약 내가 그것을 개선할 수 없다면 나는 새로운 고객을 찾아나서야만 한다. 이것이 회사와 나의 관계에 대한 기본적인 관점이다. 그렇지 않으면 회사에서 일어나는 소소한 일들에 대해 명확한 관점을 가질 수 없고 개인은 점점 회사에 종속되어 회사가 없으면 아무것도 할 수 없는 사람이 될 것이다.

회사는 나의 고객이기도 하지만 또한 나의 자아를 실현시키는 공간이기도 하다. 우리는 고객을 만족시킴으로써 우리 자신을 실현한다. 나의 역할을 점검하고 능력을 발휘하며 행동을 통해 스스로를 강하게 단련시키는 것이다. 회사는 이런 공간의 역할을 충분히 해준다. 물론 그런 공간을 제공해주기까지만 한다. 그 활동의 결과까지 감싸 안아주는 것은 아니다. 세상은 내가 뛰어놀고 일할 장소를 제공해주지만 저지른 일에 대해서까지 책임져주지는 않는다.

회사가 나의 고객이라고 생각하게 되자 상황이 예전과는 판이하게 달라졌다. 교정안경을 쓴 것처럼 모든 것이 뚜렷하게 보였고 무엇을 하며 어떻게 행동해야 하는지가 분명하게 드러났다. 장기적인 관점으로 생각이 전환되었고 행동에 구체적인 방향이 생겼다. 나의 잘못에 대해서 이런저런 변명으로 일관하는 대신 사과와 더불어 행동이 개선되었다. 그 결과 나는 점점 독립적인 사람으로 변해갈 수 있었다.

우리가 목표로 하는 줄다리기는 혼자 하는 줄다리기이다. 비록 회사에 많은 사람들이 있고 같은 일을 하는 팀이 여러 명이라 하더라도 그들이 내 삶을 대신 살아주지는 않는다. 우리는 매순간 최선을 다하는 삶을 살아야 한다. 그러자면 자신의 삶은 스스로 혼자 책임지겠다는 사고방식이 필수적이다. 그것이 바로 독립적인 사람들의 사고방식이다.

자신을 가로막는
전제조건

'만약'은 무의미하다

우리들은 항상 어떤 전제조건하에서 살아간다. '~하기만 하면 ~하겠다'는 가정법을 기본으로 하는 전제조건이다. 회사에 들어가기만 하면 무조건 열심히 하겠다거나, 결혼만 하면 잘해주겠다거나, 돈이 10억만 모이면 회사를 그만두겠다거나, 우리 상사만 변하면 나도 태도를 바꾸겠다는 식이다.

회사생활 초기에 나도 항상 어떤 전제를 가지고 생활했다. 이번 일만 잘 되면 시간을 내서 새로운 것을 배워보겠다거나, 승진만 하면 좀더 많은 희생을 해가며 회사일에 충실하겠다는 생각들이 그런 것이었다. 하지만 안타깝게도 그 전제조건들은 제대로 채워지지 않았고 그래서였는지 제자리걸음을 하고 있는 듯한 느낌이 반복되었다. 이런 반복되는 생활 때문에 항상 어떤 갈망에 시달려야 했다.

이런 갈망은 서로 다른 모습으로 표출된다. 하나는 다른 사람의 삶의 방식을 그대로 답습하려는 경향이고, 다른 하나는 자신과 다른 방식을 폄하하고 혐오하는 경향이다. 자기 일의 의미를 찾지 못하면 승진과 같은 부차적인 요소들이 최고의 가치처럼 느껴진다. 그 결과 승진을 위해서만 일을 하려 하고 주변의 사람들을 경쟁자로만 인식한다. 상생의 관계는 사라지고 승패의 우열만 남는다. 자신과 조금만 다른 의견이 있어도 그것을 인정하려 하지 않고 공격하거나 쫓아내려 한다.

불행하게도 이런 전제조건을 달고 살아가는 한 우리는 온전하게 자신의 역량을 펼치며 살아갈 수 없다. 전제조건이란 외부적 제약들에 대한 자신이 만든 핑계에 지나지 않는 것이기 때문이다. 팀장이 나에게 잘해주면 나도 열심히 하겠다는 생각은 뒤집어서 말하면 팀장 때문에 내가 열심히 안하고 있다는 말이 된다. 팀장이 내 마음과 행동의 주인이 되어버린다. 10억이 있으면 진정으로 내가 하고 싶은 일을 하겠다는 말은 10억이 모이지 않는 한 나는 진정으로 내가 하고 싶은 일을 영원히 할 수 없다는 의미가 된다. 결국 10억이 없어서 자신다운 삶을 한 번도 살아보지 못하게 되는 것이다.

전제조건을 떼어버려라

자신의 발전을 제약하는 이런 전제조건들을 던져버리면 어떤 일이 일어날까? 나의 경우만 보더라도 상황은 극반전되었다.

'시간만 많이 있다면 제대로 책을 읽을 수 있을 텐데' 하던 생각을 버리고 제대로 책을 읽겠다고 마음먹자 책 읽을 수 있는 시간이 어디에 있는지가 눈에 들어오기 시작했다. 그 결과 일주일에 한 권 정도를 겨우 읽을 수 있던 시간이 서너 권씩 읽을 수 있는 시간으로 확장되었다.

'골치 아픈 고객상담만 없으면 스트레스를 덜 받을 텐데' 하던 생각을 떼어버리고 스트레스를 덜 받고 즐겁게 살자고 결심하자 고객들의 불만에서 내가 얻어야 할 의미가 보이기 시작했다. 그리고 그때의 경험들을 살려 고객만족에 대한 나의 첫 번째 책을 쓸 수 있었다.

'저 상사만 바뀌면 회사일에 충실할 텐데' 라는 생각을 버리고 회사일 자체를 제대로 하려고 노력하게 되자 상사의 단점을 넘어 장점도 눈에 들어오기 시작했다. 그 결과 리더십에 보다 관심을 가지게 되었고 나만의 리더십에 대한 개념을 정리하게 되었다. 그런 리더십에 대한 관심과 노력이 자기변화와 발전에 대한 글을 쓰는 데 큰 도움이 되었다.

이런 경험을 바탕으로 기존에 내가 가진 전제조건들이 무엇이었는지를 계속해서 찾아보게 되었고 그것들을 하나씩 제거해나갔다. 어떤 곤란이나 어려움에 부딪히게 되면 항상 나에게 남아 있는 전제조건이 무엇인지를 생각하게 되었고 그때마다 그것들을 하나씩 없앨 수 있었다. 그 덕분에 일을 하면서 부딪히는 문제들을 모두 성장을 위한 배움이라고 생각하며 조금씩 진군할 수 있었다. 사람들은 쉽게 전제조건의 뒤에 숨어버리고 모든 문제의 원인을 외부조건에서 찾는다. 하지만 생각해보면 항상 자신이 전제조건으로 삼았던 것—부모의 간섭, 직장의 스트레스, 돈과 인간관계 같은 것—들을 떼어버리는 것, 그 과정이 진정한 독립이 아닐까 싶다.

본질에 충실하라

전제조건하에서 살아간다는 것은 일종의 피해의식을 가졌다는 말과 같다. 장기적인 비전이 마음속에 굳건히 자리하지 못했기 때문에 현재의 일에서 그 비전적인 요소를 찾아내지 못한다. 일의 의미를 잃어버렸기 때문에 나타나는 현상이 전제조건에 대한 환상이다. 그러나 자신이 피해자이며 이 피해만 없어진다면 그 후에는 뭐든 하겠다는 생각으로는 한걸음도 앞으로 나아갈 수 없다.

이제 독립하기만 하면 잘할 수 있다는 생각은 정반대로 바뀌어야 한다. 잘할 수 있을 때 독립할 수 있기 때문이다. 아이가 혼자 힘으로 자기 삶을 꾸려나갈 수 있을 때 부모는 독립을 허락한다. 자기 분야에서 전문가로서의 입지를 가질 수 있을 때 독립도 할 수 있다. 자기 사업을 시작했다는 이유만으로 독립적인 사람이 되지는 않는다. 본질과 현상을 혼동해서는 안 된다.

마찬가지로 회사가 자신에게 비전을 제시해야만 몰입하여 일할 수 있는 것은 아니다. 자신의 비전을 회사에서 찾아낼 때 회사일의 의미가 생기는 것이다. 그때 몰입의 힘과 열정의 불꽃을 피울 수 있다.

그런 의미에서 자기 마음속의 전제조건을 던져버릴 수 있어야 한다. 그때 진정한 독립이 완성된다.

회사를 다니면서도 회사에 의존하지 않으면 그것이 독립이다. 부모와 함께 살면서도 부모에 의존하지 않으면 그것은 독립이다. 부부가 함께 살면서도 서로에게 의존하지 않으면 그것은 독립이다. 독립은 내가 선 곳이 어디냐에 있지 않고 내가 어떻게 서 있느냐에 달려 있다.

지금의 자리가 갑갑해서 다른 곳으로 옮겨 가도 비슷한 결과가 따라

다니는 이유가 이것 때문이다. 진정한 독립은 회사를 다니든 부모님과 함께 살든 자영업자로 자기 사업을 하든 아무런 상관이 없다. 지금의 자리에서 스스로 독립적인 생각과 활동으로 자기 삶을 일굴 수 있다면 그것이 곧 독립이다. 그것이 가능할 때 자리를 옮기고 자기 사업을 하는 것이 비로소 의미 있는 일이다. 그렇지 않은 성급한 시도는 같은 실패만 반복해서 가져올 뿐이다. 독립성을 갖추는 것은 자기 그릇을 키우고 넓혀가는 과정의 핵심이다.

회사에 처음 출근하던 날을 떠올려보자. 이 회사에서 최선을 다하면서 내 꿈을 펼칠 것이고 동료들과 함께 멋지게 생활해보겠다라고 맹세하지 않았던가. 입사 6개월 후 우리는 어떻게 변했는가? 3년 후 어떤 생각을 하게 되었으며, 지금은 또 무엇을 준비 중에 있는가? 자영업자가 된다고 달라질까?

달라지는 것은 없다. 여전히 우리는 무엇인가로부터 독립하기 위해 기를 쓸 것이다. 먼저 지금 자신의 생각을 가로막고 있는 전제조건을 버려보자. 사람은 독립을 준비하는 과정에서 이미 독립한다. 자신을 제약하는 전제조건을 버리고 오직 본질에 충실하는 것, 그 자체가 독립이기 때문이다.

사다리 오르기

집이 낡아 지붕에서 물이 샌다. 지붕을 수리해야만 한다. 지붕을 수리하기 위해 사다리를 놓고 올라간다. 하지만 네 계단을 못 넘고 멈춰서고 말았다. 무서웠기 때문이다. 지붕을 수리하기 위해서는 지붕에 올라가야 하는데 무서워서 올라가지 못한다면 비가 새는 집에서 사는 방법밖에 없다. 불행한 일이다.

이제 어떻게 할 것인가? 두려움에 굴복하며 그냥 내려올 것인가? 아니면 두려워하는 자신을 설득하며 한 계단씩 올라가려고 계속 시도할 것인가?

자기변화관리자의 자세

우리는 살면서 자신의 역량을 발휘할 기회를 얻기도 하고 그 역량이 부족하여 위기에 처하기도 한다. 이때 자신을 설득하여 보다 용기를 내고 남은 지혜를 동원해서 문제를 돌파하도록 스스로를 돕는 능력은 인생을 살아가는 데 필수적인 자질이다. 왜냐하면 사람은 그런 행동을 통해서 성장하고 발전하기 때문이다.

자기변화관리란 자신이 필요한 때에 필요한 기술과 태도를 익히며 필요한 행동을 하도록 스스로 돕는 것을 의미한다. 네 계단에서 멈춰선 자신의 다리를 지붕까지 올라가도록 스스로를 독려하는 게 자기변화관리이다. 지금 당장은 지붕수리공을 불러서 지붕을 수리할 수도 있을 것이다. 하지만 살다보면 지붕은 또 구멍이 날 수 있고 그때마다 지붕수리공을 부를 수는 없는 노릇이다. 게다가 단순히 지붕을 수리하는 정도가 아니라 자신의 삶에서 아주 중요한, 자신이 꼭 해야만 하는 일이라면 어떨까? 그때는 남들이 대신해줄 수도 없을 뿐더러 그동안 훈련된 기술과 자질이 없는 탓에 어떻게 대처할 수 있는 방법도 없다. 위기의 순간이 도래하는 것이다.

우리는 자신을 용기 있고, 힘 있는 믿을 만한 사람으로 만들어가야 한다. 한계에 부딪혔을 때 그 한계를 뛰어넘을 수 있도록 자신을 변화시키고 발전시켜 나가야 한다. 그때 어떤 능력이 필요하고 어떤 기술을 연습해야 하는지를 배우며 필요한 태도를 만들어가는 사람이 변화관리에 성공한 사람이다. 자기변화관리란 이렇게 삶의 순간들로부터 배우고 성장할 수 있는 능력과 태도를 준비시키는 안목, 그리고 이 태도를 키워가도록 스스로를 돕는 것이다.

자기변화관리자의 조건

자기변화관리자가 되기 위해서는 몇 가지 기본적 자질이 필요하다.

첫째, 자기변화관리자는 자기 삶에서 반드시 수행해야 할 분명한 목표가 있다. 둘째, 이 분명한 목표를 달성하기 위한 구체적인 활동들을 기획하는 능력과 추진하는 과정에서의 관리능력이 필요하다. 셋째, 이런 세부적이고 구체적인 활동들을 자신의 궁극적인 목표와 비교하면서 피드백할 수 있어야 한다. 넷째, 이러한 일련의 과정 속에서 사회적인 이익을 위해서 노력하고 공동체의 건강한 모습들을 유지시켜나가는 데 기여할 수 있는 분명한 자기철학이 있어야 한다.

이런 네 가지 기본적인 자질을 갖추지 않으면 현명한 자기변화관리자가 되기 어렵다. 자기 삶의 목적이 없는 사람은 책을 읽어도 무엇을 읽었는지조차 파악하지 못하며 사람을 만나도 어떤 자세를 취해야 할지 혼란스러워 한다. 또한 목적이 있다 해도 그것을 추진하는 능력과 피드백하는 능력이 없다면 원하는 목적을 이루기 위한 활동들을 지속하기 어렵다. 자신을 동기부여하지 못하며 패배의식만 양산한다. 또한 목표와 인내심이 강해도 사회공동체를 유지하기 위한 올바른 가치관이 없다면 자기 목적에 정당성을 부여하기 어렵다. 다른 사람을 속이고 성공한다는 것은 일시적인 성취감을 줄 수 있을지는 몰라도 삶의 의미와 가치를 높여주지는 못한다.

때문에 가급적이면 자주 자신이 이 네 가지 요소들을 충분히 준비하고 있는지 확인해볼 필요가 있다. 자신이 하는 일이 잘 풀리지 않는다면 반드시 네 가지 요소 중에서 한두 가지가 빠져 있는 경우가 많다. 목표가 희미하다거나 생활 속에서의 구체적인 실천력이 결여되어 있는 경우가 그렇다. 구체적인 활동들 속에서 배움을 얻지 못하고 아까운 삶을 그냥 흘려보내면서 성장하지 못하는 경우도 많다. 마지막으로 열심히는 살아왔지만 사회공동체를 유지하고 건강하게 만드는 것이 아니라 오히려 경쟁과 이기심만을 자극하고 부정적인 영향만을 가져오는 결과를 낳기만 했던 경우 또한 장기적 관점에서 성공이라고 보기 어렵다. 긴 인생의 길 끝에 이르렀을 때 우리는 가슴속에 자기 삶에 대한 느낌과 피드백만을 가져갈 수 있을 뿐 자신이 축적해놓은 돈과 부동산 같은 물질적 요소들은 가져갈 수 없기 때문이다.

실천하는 삶

직업의 성격상 많은 사람을 만나면서 얻은 결론 중 하나는 실천력이 강하고 열심히 일하는 생활방식을 선택한 사람들은 자신이 하고 있는 일에 대한 만족감과 성취감이 남달리 강하다는 것이다. 반면에 순간적인 즐거움이나 눈앞의 쾌락에 눈먼 사람들은 쉽게 무기력과 불안감에 빠지고 자기 삶을 통제하지 못해서 허우적거린다. 이것도 실천하는 생활방식을 선택한 사람들이 자기변화관리자가 가져야 할 네 가지 요소 중에서 두 번째와 세 번째에 강하기 때문이다.

사실 실천력의 부재는 우리들 대부분의 문제이기도 하다. 자기 만족감과 성취감이 부족하다고 느끼는 사람들의 핵심에는 실천력 부재가 공통적인 문제점으로 도사리고 있다.

따라서 지식사회를 살아가는 직장인이라면 네 가지 요소를 점검하면서 살아갈 필요가 있다. 어려운 문제에 부딪히면 네 요소 중 어느 부분을 소홀히 했는지 피드백할 수 있어야 하고 그 피드백을 통해서 자기 삶의 방향을 재점검하고 필요한 방향으로 키를 돌리고 필요한 기술과 능력들을 키워나가는 데 노력을 기울여야 한다. 이것이 자기변화관리자가 되어야 하는 핵심 이유이다.

06

자기 삶을 주도하고
홀로 서는 법

현명해지는 세 가지 방법

"인간이 현명해지는 방법은 세 가지가 있다. 우선 숙고를 통하는 방법이다. 이 방법이 가장 고귀한 방법이다. 그 다음은 모방을 하는 방법인데 이것이 가장 쉽다. 마지막으로 경험을 통하는 방법인데 이것은 가장 고통스럽다."

공자의 말이다. 사람이 현명해지기 위해서는 다른 사람을 모방하는 방법도 있고 다양한 경험을 해보는 방법도 있을 것이다. 하지만 오랫동안 생각하고 사고를 확장하는 과정이 없다면 모방이나 경험도 자신의 능력으로 축적되지 못한다. 그래서 나는 가끔 하늘을 본다. 그리고 지금 내가 처한 상황들을 살펴보고 그 상황들에서 의미를 발견해보려고 노력한다. 그러다 보면 자연히 어떤 방향성 같은 것을 느끼게 되는데 그것이 또 하루를 밀고 나가는 힘이 된다.

외로움을 이기는 사람이 강한 사람이다

앞서 나가는 사람은 외롭게 보인다. 역으로 말하면 외롭게 보이는 사람은 앞서 나가는 사람이다. 남보다 멀리 생각하고, 깊이 사고하고, 남들과 다르게 행동하는 사람이 외롭게 보이는 것은 당연하다. 그들은 작은 경험만으로도 충분히 생각을 통해 사고를 확장할 수 있다. 혼자 있는 시간은 자신의 생각을 깊이 있게 만들기 위해서 반드시 필요하다.

많은 직장인들이 다른 사람들의 행동패턴에 쉽게 휩쓸리고 다수와 똑같이 생각하는 데서 안전함을 느낀다. 그러나 남들과 비슷한 생각을 하면 비슷한 행동을 하게 되고, 비슷한 행동을 하게 되면 얻는 것 또한 비슷할 수밖에 없다. 결국 비슷한 사람과 비슷한 능력을 가지고 경쟁해야만 하는 상황에 도달한다. 이른바 레드오션이다.

다른 사람들과 함께 있는 시간이 많아지면 자기만의 목표를 추구하고 활동하는 시간을 확보하기가 어렵다. 같이 있게 되면 다른 사람들의 눈치를 보게 된다. 조금만 다른 생각이나 행동을 해도 즉각 제재가 가해진다. 일종의 집단최면 같은 상태에서 함께 있는 것만으로도 자신들이 잘하고 있는 것 같고 보호받을 수 있을 것 같이 느낀다. 하지만 현실은 그와 정반대다. 같이 있으면 집단의식 덕분에 불안은 덜할지 모르지만 그만큼 현실을 보는 눈은 어두워지고 성장은 더뎌진다. 생각은 발전하지 않고 성과도 눈에 보이지 않으니 다 같이 몰락하거나 그 속에서 치열하게 경쟁할 수밖에 없다.

가끔 멈춰서라

"리더가 되려면 적어도 하루 중 3분의 1은 어떤 사람의 방해도 받지 않는 자유로운 시간을 가져야 한다."

잭 웰치(Jack Welch)의 말이다. 나는 여기서 '리더' 라는 말을 인생을 주도적으로 살면서 성취하는 사람으로 해석한다. 자기 삶을 주도하고 홀로 설 수 있는 힘을 얻기 위해서는 다른 사람들에게 방해받지 않고 독자적으로 행동할 수 있는 시간이 반드시 필요하다.

나는 주기적으로 산책을 하거나 하늘을 본다. 때로는 창밖으로 먼 산을 바라본다. 남들 눈에는 아무 의미 없어 보이는 그런 행동이 주변의 잡다한 정보와 주장들로부터 자신의 생각을 자유로울 수 있게 만들어준다. 그 덕분에 자기 삶의 목표에 대한 확신을 가질 수 있고 주체적인 삶을 위한 여유도 확보할 수 있다. 잠시 멈춰서서 자신의 삶이 어디에 위치해 있으며 앞에 어떤 난관이 기다리고 있는지를 추론해보도록 한다. 그리고 나의 길이 어느 길로 접어들었는지를 살펴본다. 지금의 이 어려움이 어디로 뻗어 있으며 언제쯤 끝날 것인지 예측해본다. 자기 삶의 지도를 확인해보고 필요하다면 다시 그려보기도 하는 것이다.

신화학자 조셉 캠벨(Joseph Campbell)은 자신만의 시간을 가질 것을 이렇게 권유하고 있다.

"당신만의 방이나 혹은 하루 중 당신만의 시간을 가져야 한다. 그 방에서나 그 시간 동안에는 아침 신문에 무슨 기사가 났는지 몰라도 되고, 친구 생각도 할 필요가 없으며, 타인에게 베풀거나 신세진 일 따위는 잊어도 된다. 그곳은 현재의 자아와 미래의 자아를 경험하고 드러내는 곳이다. 그곳은 창조적인 자궁이다. 처음에는 아무 일도 일어나지 않는다.

그러나 당신만의 신성한 장소에서 머무는 시간을 계속 갖다보면 마침내 무언가가 일어날 것이다. … 그러나 경제와 실용을 숭배하는 이 세상에서 나이가 들수록 우리만의 시간을 갖는 일은 사치로 여겨지고, 결국 당신은 도대체 자신이 어디에 있는지, 원래 무엇을 하려고 했는지조차 망각하게 된다. 당신은 항상 타인이 원하는 일을 하고 있다. 당신의 행복은 어디에 있는가? 그곳을 찾아야 한다.”

혼자임을 즐겨라

나는 철저히 혼자 있는 시간을 즐긴다. 밥도 혼자 먹을 때가 많고 출장도 혼자 갈 때가 많으며 산책도 혼자서 한다. 왜냐하면 내가 쓰는 책, 강의 아이템, 창의적 아이디어들의 대부분이 모두 혼자 있는 시간에 만들어지기 때문이다.

혼자 있는 시간을 즐기는 사람은 인간관계에서도 주도적이고 합리적이다. 좋은 인간관계를 만들기 위해서는 다른 사람들과 함께 행동하고 서로 돕는 모습을 보여야 한다. 하지만 단순히 다른 사람들과 함께하는 시간이 많다는 이유로 인간관계가 좋아지지는 않는다.

믿음이 가지 않고 배울 것도 없어 보이는 사람과 오랜 시간을 같이 있는다고 해서 관계가 좋아질까? 오히려 함께 있음이 고통이 된다. 실력과 믿음, 훌륭한 태도를 가지지 못하면 아무리 남들과 오랜 시간을 함께 있어도 소용이 없다. 단 일분을 함께해도 의미 있는 배움과 성장이 있다면 그것으로 충분하다.

자신을 다른 사람이 함께 있고 싶어하는 존재로 만들고 싶다면 혼자 있을 수 있어야 한다. 그 혼자됨의 힘이 다른 사람이 기댈 수 있는 자리를 제공하게 하고 다른 사람들이 믿을 수 있는 영혼의 깊이를 제공한다.

너무 바빠서 정신이 없을 때, 삶에 역경이 찾아와서 주저앉고 싶을 때, 왠지 오늘은 자신의 삶을 돌아봐야 할 것 같은 생각이 들 때 가던 길을 멈추고 혼자만의 시간을 가져보자. 주변을 둘러보고 자신의 삶의 지도도 살펴보자. 내 삶이 어디에 머물고 있으며 어디로 흘러갈 것인지 멀리 굽어보자. 자신이 어디로 가는지도 모르는 사람에게 인생은 자신의 참모습을 보여주지 않는 법이다. 잠시 쉬어가면서 자신이 어디로 가는지를 아는 사람이 오히려 더 빨리 목적지에 도달할 수 있다.

07

이기적인
직장인의 십계명

가장 좋은 추천장

한 아버지가 죽음을 앞두고 있었다. 학업성적이 뛰어났던 아들은 아버지에게 다가가서 말했다.

"아버지, 돌아가시기 전에 아버님 친구들에게 제가 얼마나 학업성적이 뛰어나고 실력이 좋은지 추천장을 써주십시오."

그러자 아버지가 말했다.

"애야, 나는 추천장을 쓰지 않을 생각이다. 평판이 곧 가장 좋은 추천장이기 때문이다."

이기적인 직장인의 십계명

요즘 직장인들은 자기 꿈을 이루는 것 못지않게 회사나 조직에서 살아남는 것을 중요하게 생각한다. 자기 꿈을 이루기 위해서는 회사에서 일단 살아남아야 하기 때문이다. 회사에서도 인정받으며 밖에서도 전문가 소리를 듣는 '이기적인 직장인'으로 살아남기 위해서는 자기 스스로에 대한 평판을 잘 관리해야 한다. 그러자면 일단은 회사에서 좋은 평판을 유지하기 위해서 지켜야 할 최소한의 생존전략은 가지고 있어야 한다. 다음은 직장인의 생존에 필요한 십계명을 정리한 것이다.

1. 현명함을 드러내지 않는다

현명함을 드러내지 않는 것은 중요하다. 특히 지나치게 똑똑하다는 평을 받게 되면 세인들의 질투를 받기 쉽다. 상사까지 질투할 수 있다. 질투의 대상이 된다는 것은 좋은 일이기는 하지만 사내에서는 적이 많아진다는 점에서 좋은 일로만 볼 수 없다. '경시하는 동안에는 증오하지 않는다'는 말처럼 사람들은 자신의 경쟁상대가 아니라고 생각하는 사람에게는 호의적으로 대하는 경향이 있다. 꼭 필요한 부분에서는 현명한 모습을 보이되 일상적인 상황에서는 자신의 현명함을 감추는 것도 중요한 처세술의 일부분이다.

2. 상사와는 가깝지도 멀지도 않은 거리를 유지한다

상사와의 관계가 너무 가까운 것도 문제가 될 수 있다. 다른 사람들로부터 '딸랑이'라는 손가락질을 감수해야 하는 것도 문제지만 관계가 가까울수록 부작용이 나타나기 때문이다. 사이가 가까워지면 사소한 약점도 눈에 보이게 된다. 그리고 관계를 쉽게 생각해서 자칫 상대방에게 무례한 태도를 보이게 된다. 이는 결국 장기적으로 자신의 무덤을 파는 것

 이기적인 직장인 ■

이다. 가까울수록 약점은 쉽게 노출되고 하지 않아도 되는 실수를 하게
된다.

3. 인사는 무조건 하고 본다

조직생활에서 인사는 기본 중의 기본이다. 그래서 아무리 일을 잘하고
탁월한 업적을 남긴다고 해도 인사성이 없다면 공격의 대상이 되기 쉽
다. 반면 능력은 좀 떨어져도 인사성이 밝다면 좋은 평가를 남길 수 있
다. 인사성이 없는 사람은 자신의 의도와는 달리 남을 무시한다는 평판
을 얻게 된다. 그래서 사람을 만나면 무조건 인사를 하는 편이 좋다. 화
장실에서든 복도에서든 하루에 열 번 만나더라도 인사는 반드시 하라.

4. 표정은 최대한 밝게 유지한다

사람의 내면은 보이지 않는다. 단지 표정만 보인다. 그래서 표정은 사
람이 가진 내면을 나타내는 표상이 된다. 그가 아무리 좋은 의도를 가지
고 있어도 표정이 어둡다면 그는 어두운 사람이 된다. 사람은 즐기고 싶
은 본성이 있다. 인생을 사는 목적 자체가 즐기는 것이기 때문이다. 그
래서 표정이 어둡고 찡그린 사람과는 가까이 하고 싶어하지 않는다. 반
대로 표정이 밝은 사람은 주위에 사람들이 모여든다.

5. 상사보다 5분은 먼저 출근한다

상사보다 먼저 출근하는 것은 중요한 의미가 있다. 먼저 성실한 직원
이라는 이미지를 쉽게 심어줄 수 있다. 상사들은 출근을 빨리 하는지 늦
게 하는지에 대한 기준으로 자신의 출근시간을 잡는다. 자신보다 일찍

출근한 사람은 성실한 사람이고 늦은 사람은 게으른 사람이다. 그러므로 일찍 출근한다는 것은 성실한 사람이라는 이미지를 얻는 가장 좋은 수단이다.

일찍 출근하면 하루 일과를 여유롭고 계획적으로 시작할 수 있다. 무엇을 할 것이며 무엇에 중점을 두고 시간관리는 어떻게 할 것인지에 대해 미리 예측하며 진행할 수 있다. 이것은 자기 삶을 예측 가능하도록 만들며 목표에 맞게 통제해나간다는 중대한 의미를 지닌다. 실패하는 사람은 대체로 이런 과정이 결여되어 있다. 5분이라는 시간은 상징적인 시간이다. 자신의 상황에 따라 10분이 될 수도 있고 30분이 될 수도 있다. 하루를 계획하고 준비하는 데 적절한 시간이면 된다.

6. 파워게임은 데스게임(death game)이다

하급자들이 파워게임에 끼는 것은 스스로 무덤을 파는 것과 같다. 파워게임이란 조직이 부여한 힘을 가진 사람들이 자신의 이익을 위해 다투는 과정이다. 하지만 대체로 자신들은 다치지 않고 부하직원들만 칼부림을 당하는 경우가 많다. 윗선에 줄을 잘 대서 승진하겠다는 욕심으로 자칫 함부로 파워게임에 끼었다가는 큰 낭패를 보게 된다. 자신을 도울 수 있는 것은 자기 자신뿐이다. 파워게임에 끼어 갈등하는 시간에 자신의 내일을 위해 시간과 노력을 투자하는 것이 훨씬 생산적이다.

7. 전(前) 직장이야기는 절대 하지 않는다

요즘은 이직이 보편화된 듯하다. 그래서인지 전 직장에 대한 이야기들이 제법 오고가곤 한다. 하지만 명심하라. 자신의 전 직장에 대한 이야기를 하는 것은 다른 사람들에게 좋지 못한 인상을 주기 쉽다. 대체로 전 직장에 대한 이야기를 하는 상황은 지금 직장에 대한 불만 때문에 예전의 좋았던 점과 비교하면서 이루어지는 경우가 많다. 만약 그런 이야기를 상사들이 듣는다면 당신을 불평분자로 볼 수밖에 없다. 또한 예전의 좋았던 경험들을 이야기하면 지금의 불만이 더욱 증폭되어 스스로를 부정적인 감정으로 내몰게 된다. 밝은 면을 보고 그것을 통해 자신을 발전시켜도 부족할 판에 부정적인 감정으로 스스로를 희생자로 만들 필요는 없을 것이다.

8. 도와주되 한계를 지킨다

사람을 도와줄 때도 원칙이 있어야 한다. 특히 직장동료나 후배들을 도와줄 때가 그렇다. 자칫 너무 쉽게 도움을 주는 경우 만만한 사람으로 치부될 뿐만 아니라 남을 도와주느라 자신의 일에 시달리는 역전현상이 발생할 수도 있다. 실제로 이런 일로 스트레스 받는 직장인의 수가 적지 않다. 그래서 도와주되 원칙과 한계를 분명히 하는 것이 중요하다. 나의 경우 다른 사람을 도울 때 그 사람이 문제를 해결할 수 있는 방법은 같이 찾아주거나 알려준다. 하지만 그것을 직접 대신해주지 않는다. 그가 해야 할 일을 내가 직접 해주는 경우 그것은 돕는 것이 아니라 오히려 그가 배울 수 있는 기회를 빼앗는 것이 되기 때문이다. 또한 자신의 시간 사용에도 유리하다.

9. 비난하지 않는다

내가 오랫동안 직장생활에서 지켜온 원칙 중 하나다. 절대 남을 비난하지 않겠다는 것은 자기경영의 중요한 원리가 내포되어 있기 때문이다. 남을 비난하게 되면 그를 변화시키려고 시도하게 된다. 그에게 잘못이 있으니 그가 바뀌는 것은 당연한 것이다. 하지만 남을 바꾸기는 어렵다. 오히려 저항과 갈등만 가져온다. 그 결과 오히려 다른 사람을 변화시키려는 노력을 더 강하게 하게 된다. 다람쥐 쳇바퀴처럼 갈등의 악순환만 남고 변화는 없다.

10. 내가 할 수 있는 것을 먼저 한다

상대방의 잘못을 따지기 전에 내가 먼저 필요한 행동을 취하는 것은 비난하지 않는 태도의 실천적인 측면이다. 상대방을 비난하지 않고 내가 먼저 자신을 변화시킬 수 있다면 문제의 실마리는 나에게 있다. 나 자신의 능력을 강화시키면서 문제를 해결하는 내면의 시스템을 갖추게 되는 것이다. 그 결과 보다 생산적이고 문제해결 중심의 인간으로 변화하고 발전할 수 있다. 이때 인간의 발전에 중요한 '변화의지'를 획득할 수 있다. 스스로 변화하겠다는 의지는 깨어 있는 사람들의 전유물이다. 자신이 무엇을 해야 이 상황을 변화시킬 수 있을지를 생각하는 것은 깨어 있는 최선의 방법이다.

평판을 관리하라

직장인들에게 평판은 아주 중요하다. 최소한 '자기 몫은 하는 괜찮은 친구'라는 평판을 남기기 위해서는 남들의 입에 자주 오르내려서는 곤란하다. 회사는 좁다. 오늘 아침 본사 중역실에서 있었던 일이 점심시간에는 전국 지점에 쫙 퍼진다. 말은 할수록 커지고 떡은 갈수록 준다고 했다. 자신이 별것 아닌 듯이 한 말과 행동이 다른 사람의 입을 타고 흐르기 시작하면 순식간에 최악의 스토리가 되어 퍼져나간다. 반면 내가 이룬 큰 공적들은 상사들의 인계선을 타고 흐르면서 축소되어 결국 아무것도 아닌 일이 되는 경향이 있다. 최소한 공적을 인정받지는 못하더라도 좋지 못한 평판들이 흘러 다니게 해서는 안 된다.

상사들의 업무 인수인계서에는 업무의 내용과 서류들만 담겨 있는 것이 아니다. 업무의 내용에 대한 인계는 아주 형식적인 것이다. 그들은 사람을 인수인계한다. 강 대리는 이런 면이 좋고, 이 대리는 저런 면이 좋고, 박 대리는 요런 면이 있으니 조심하라는 식으로 사람의 평판을 넘겨준다. 우리가 새로운 지점으로 발령을 받아가기 전에 새로운 팀장은 전직 팀장에게 전화를 걸어 우리의 평판을 인수받는다. 그래서 한 번 만들어진 평판은 잘 바뀌지 않고 상사들의 입을 타고 꼬리표가 되어 따라다닌다.

평판 관리는 중요하다. 남들에게 시기나 질투를 받지 않으면서도 좋은 사람, 능력 있는 직원이라는 평판을 유지할 필요가 있다. 그런 면에서 자기만의 평판 관리원칙을 가지고 이를 반드시 지켜 나가려는 노력을 해야 한다.

08

밥 얻어먹고
칭찬받는 사람

자신의 문제

회사 내에서 인기투표가 있었다.

"나는 왜 매번 한 표밖에 없냐? 그것도 내가 적어낸 건데? 내가 밥도 사고 술도 사고 커피도 샀는데… 배신자들."

"너 그거 모르니? 밥 사주고 욕 듣는 사람 있고, 밥 얻어먹고 칭찬받는 사람 있다는 거."

"그럼 내가 밥 사주고 욕 듣는 사람이라는 거야?"

"그 정도까지는 아닐지 모르지만 밥 사주고도 효과가 없다는 건 너한테 분명히 뭔가 문제가 있다는 증거야."

이기적인 직장인 ■

인간관계는 품성이다

직장인들의 스트레스 주범은 크게 두 가지로 나눌 수 있다. 하나는 실적이고, 다른 하나는 인간관계다. 회사의 분위기에 따라 다르기는 하지만 두 가지는 순위만 달라질 뿐 회사생활에 미치는 영향력은 실로 막대하다. 특히 마음이 여린 여성들에게는 실적보다는 인간관계가 더 큰 스트레스 요인이 되는 경우가 많다. 그래서 인간관계를 개선하기 위해 이런저런 노력을 해보지만 쉽지가 않다. 인간관계란 공부하거나 연습한다고 해서 습득되는 기술과는 다른 성질의 것이기 때문이다.

인간관계 때문에 마음고생이 심한 사람들이나 그런 문제로 자신을 변화시켜야겠다는 생각을 해본 사람이라면 한 가지 명심할 것이 있다. 인간관계는 한두 가지의 요소에 의해 결정되는 기술적인 문제가 아니라는 점이다. 그가 다른 사람에 대해서 가지는 마음가짐, 삶의 자세, 여유 있는 태도 같은 것이 복합적으로 작용한다. 때문에 인간관계에 대한 책을 아무리 많이 읽어도 자신의 삶의 방식과 태도를 개선하지 않는 한 관계 개선에 큰 효용을 얻을 수 없다.

인간관계를 개선하고 싶다면 자신이 어떤 인간관계를 가지고 있는지에 대해서 냉철하게 판단해보는 것이 우선 필요하다. 자신을 알아야 변화의 방향을 설정할 수 있기 때문이다. 사람 사이의 관계에서 자신의 현황을 알아보는 괜찮은 방법 중 하나는 자신이 밥을 사주고도 욕을 듣는 사람인지, 밥을 얻어먹고도 칭찬받는 사람인지를 생각해보는 것이다. 남에게 무엇인가를 주고도 좋은 소리를 못 듣는 것은 주는 사람의 태도에 문제가 있다는 분명한 증거이다.

밥 사주고 욕 듣는 사람

1. 밥 사주면서 생색내는 사람

자신이 밥을 사주는 것을 마치 영웅적인 행동인 양 떠들고 알리는 사람이다. 이런 사람들은 자신이 다른 사람보다 약간 우위에 있다는 사실을 알리기 위해서 밥을 사고 그것을 자랑삼는다. 식사 자리에서도 온통 남편 자랑, 아파트 평수, 아들 자랑뿐이다. 먹으면서도 기분이 좋을 리가 없다.

2. 은혜를 베푸는 듯 행동하는 사람

고위층에서 밥을 살 때 그런 경향이 있다. 회사의 대표들은 우수직원으로 뽑힌 사원들에게 부상으로 자신이 직접 밥을 사줘야 한다고 생각한다. 그러나 직원들은 최고관리자와 밥 먹는 것을 가장 싫어한다. 부담스럽기 때문이다. 더구나 고위층도 아닌데 밥 한 끼 사면서 온갖 생색을 다 내는 사람이 있다. 이런 사람들과 식사를 하면서 드는 생각은 다시는 같이 밥 먹지 말아야겠다는 것이다.

3. 밥 사주는 목적이 따로 있는 사람

인기투표가 다가온다거나 해외연수 대상자 선발이 다가온다거나 다면평가를 할 때가 되었다거나 하는 특정한 일이 있을 때만 밥을 사는 사람이 있다. 그런 사람들은 속이 뻔히 눈에 보이기 때문에 밥 사고도 좋은 느낌을 주지 못한다. 이용당한다는 생각이 들기 때문이다.

　　　　　　　　　　　　　　　　　　　　　이기적인 직장인 ■

4. 먹을 때 자기 말만 하는 사람

밥을 같이 먹는 사이라는 것은 동지(同志)라는 의미가 포함되어 있다. 밥은 생존의 가장 기본적인 욕구인데 그것을 같이 한다는 것은 생존의 공감대를 형성하는 것과 같다. 그런데 먹는 자리에서 공감대가 형성되기는커녕 자기 말과 주장만 일삼아서 점수를 까먹고 교감을 단절시키는 사람들이 있다.

5. 아무 생각 없는 사람

아무 생각 없는 사람도 밥 사고 좋은 소리 못 듣는 부류다. 앞의 유형들보다 나은 경우이기는 하지만 사람들은 자기보다 못하거나 배울 것이 없는 사람을 무시하는 경향이 있다. 그렇기 때문에 밥을 얻어먹어도 시간낭비 했다는 생각이 들게 된다. 이렇게 되면 좋은 평가를 받기는 어렵다.

밥을 얻어먹으면서도 칭찬받는 사람

1. 인간적인 정이 가는 사람

말은 별로 없지만 이상하게 인간적인 매력이 느껴지는 사람이 있기 마련이다. 주위사람을 끄는 매력이 있어서 아무것도 요구하지 않았는데도 도와주고 싶어지고 괜히 옆에 가서 이런저런 이야기를 붙여보고 싶게 만든다. 인간적인 매력이 있기 때문에 밥을 사주면서 교감을 나누고 싶은 욕구가 일게 한다.

2. 배려심이 깊은 사람

남을 배려할 수 있다는 것은 여유가 있다는 뜻이다. 사람은 자신에게 무엇인가를 양보해주는 사람에게 좋은 느낌을 갖게 된다. 그리고 그 주인공이 사심이 없고 배려심이 많은 사람이라면 빚을 졌다는 생각을 갖게 된다. 밥을 사고서도 자신이 아직도 신세를 지고 있는 것 같고 앞으로도 그와 함께 좋은 관계를 유지하고 싶다는 생각이 든다. 밥 사주고도 같이 먹어준 그가 고맙게 느껴진다.

3. 미소가 아름다운 사람

잘 웃으며 밝게 지내는 사람들은 웃는 모습이 자연스럽고 매력적으로 느껴진다. 그 미소에 빠져 허우적거리는 사람이 생기게 마련이어서 밥을 사고도 같이 먹어줘서 고맙다는 말을 하게 만든다. 그의 미소 한 번에 마음이 넘어간다. 미소가 다른 사람을 기분 좋게 만들기 때문이다. 기분이 좋아진 사람은 흔쾌히 지갑을 연다.

4. 배울 것이 있는 사람

입에서 쏟아지는 한마디 한마디가 명언같이 귀한 사람이 있다. 도대체 그런 훌륭한 생각과 아름다운 언어가 어디에 숨어 있는지 신기하기까지 하다. 그 순간 사람들은 경외감을 느낀다. 배우고 싶은 욕구가 용솟음치고 그와 함께 하면 자신도 그렇게 될 수 있을 것 같은 기대감이 싹튼다.

가만히 고개만 끄덕이고 한번씩 맞장구만 치는데도 좋은 평가는 그에게 다 돌아간다. 스트레스 받은 것들을 그에게 다 쏟고 나면 속이 시원하고 후련해진다. '내가 너무 혼자만 떠들었지? 미안해. 그래도 내 말 들어주는 사람은 너밖에 없다'는 말을 자주 듣는다. 그에게는 항상 '사람 좋다'는 평이 따라다닌다.

내면적 풍요가 있어야 배려할 수 있다

상대방에 대한 배려심과 자신의 내면적 풍요가 인간관계의 핵심이다. 인생에서 나름대로 추구하는 것과 그것을 통해 얻은 지혜들을 간직하고 있으면서 상대방의 삶의 방식에 대해서도 인정해주고 지지해주는 것이 좋은 관계의 비밀이다. 배려심은 깊은데 내면의 풍요가 없다면 상대는 그 관계를 감사하게 생각하지 않는다. 이유 없는 배려로 느껴지기 때문이다. 반대로 내면적 성취는 있지만 상대방에 대한 배려심이 부족할 때 독불장군으로 소외되기 쉽다.

자신이 밥을 사주고도 좋은 소리를 못 듣는 경우라면 자신의 내면부터 들여다보아야 한다. 내면적 풍요가 결여되었기 때문에 상대방을 배려할 수 있는 여유가 부족한 것이다. 그래서 삶에 대한 확신과 가치 있는 길을 가고 있다는 스스로의 믿음은 인간관계에서도 마찬가지로 중요하다.

09

용기의 차이가 명품을 만든다

특별한 소질

학창시절 직접 쓴 시들을 후배에게 보여주었더니 후배가 이런 말을 했다.

"형, 어디서 그렇게 좋은 아이디어들을 구해요? 비슷하게 생활하는 것 같은데 생각이 완전히 다르네요. 형은 글 쓰는 데 소질이 있는가 봐요."

기분은 좋았지만 나에게 특별한 소질이 있다는 것을 나는 믿지 않았다. 그래서 이렇게 말했다.

"에이~ 소질은 무슨 소질이야. 그냥 취미생활이지. 글 쓰는 데 날고 기는 사람들이 얼마나 많은데. 나는 명함도 못 내밀어."

소질을 현실로 만드는 것

나는 책 읽기를 좋아했다. 역사소설에서부터 무협지까지, 문학에서 딱

딱한 인문학 서적까지 분야와 종류를 가리지 않고 닥치는 대로 읽었다. 어린 시절에는 내가 책을 좋아하는지도 몰랐다. 대학에 들어가고 책 읽을 시간이 생기고 나서야 그것을 알았다.

글쓰기를 즐긴다는 사실도 그 이후에 알게 되었다. 노트에 아무 생각 없이 긁적이기를 좋아했다. 가까운 친구들과 비교해볼 때 학창시절 동안의 차이는 겨우 이 정도였다. 이 작은 차이는 그대로 두면 다른 사람들보다 책 좀 많이 읽은 그렇고 그런 사람으로 끝날 정도에 불과했다. 더 이상의 질적인 차이는 만들지 못하고 양적인 차이만 있는, 차이라고 말하기도 어려운 성질의 것이 되었을 것이다.

하지만 나는 자신이 책을 좋아하고 글쓰기를 즐겨한다는 점에 집중했고 그 영역에 모든 자원을 투자했다. 회사에서의 일도 책과 글쓰기에 집중할 수 있는 일에 자원했고, 꾸준히 책을 읽고 글 쓰는 일을 게을리 하지 않았다. 그렇게 제법 오랜 시간이 지나자 자기만의 생각을 책으로 엮어낼 수 있는 단계에 이르게 되었다. 결과적으로 다른 사람과는 다른 질적인 차이를 낳을 수 있었다. 물론 그 과정에서 용기는 필수적인 것이다.

나의 생각이 책으로 만들어졌을 때 다른 사람들이 그것을 어떻게 생각할까? 과연 가치가 있을까? 사람들의 인정을 받을 수 있을까? 이런 의문점들이 늘 따라다녔고 포기하고 싶다는 나약함에 좌절하기도 했다. 하지만 늘 작은 용기들이 하루하루 진척을 남기도록 도왔고 결국 책을 펴낼 수 있었다. 덕분에 나는 무슨 일을 하든 '용기'가 필수덕목임을 알게 되었다.

처음 강사라는 직업을 선택할 때도 엄청난 용기가 필요했다. 목소리가 작고, 사투리가 심하고, 음성이 맑지 못하고, 사람들 앞에서 말해본 경험도 없다는 모든 것이 걸림돌이었다. 하지만 일단 용기를 내서 시작하고 나자 그것은 별로 중요하지 않다는 사실을 알게 되었다. 그것이 오히려 장점이 될 수도 있고, 더 중요한 것은 강의의 내용과 강사의 태도라는 사실도 발견하게 되었다. 그것에 용기를 얻어 자신을 개선할 수 있는 에너지도 얻게 되었고 일의 보람과 가치도 알게 되었다. 모든 것이 작은 용기 덕분이었다. 보잘것없지만 남들보다 조금 잘하는 분야, 관심이 가는 분야에 나를 던질 수 있게 한 용기의 힘이었다.

용기는 곧 성취다

자신의 장점과 재능을 발견하고 그 분야에 자신의 모든 것을 던질 수 있는 사람과 그렇지 못한 사람의 차이는 어디에 있을까? 자신의 삶을 글로 표현하고 책으로 엮어서 낼 수 있는 사람과 그렇지 못한 사람과의 차이는 어디에 있을까? 불편한 인간관계를 개선하기 위해 상대에게 먼저 만나자는 제의를 하는 사람과 그렇지 못한 사람의 차이는 어디에 있을까? 그 차이는 바로 용기에 있다.

사람들은 자신의 재능이 어디에 있는지 혹은 자신이 무엇을 좋아하는지에 대해서 어렴풋이나마 알고 있다. 그리고 그 분야에서 성공하고 싶다는 욕망과 목표도 가지고 있다. 그러나 머릿속에서만 생각할 뿐 그것을 실천할 수 있는 용기를 내지 못한다. '내가 과연 할 수 있을까' 하는 의문이 들기 시작하면서 시작도 못한 채 주저앉고 만다. 자신의 재능과 장점에 집중해서 자신의 미래를 걸 수 있는 행동을 하려면 무엇보다 용기가 필요하다.

많은 사람들이 불편한 인간관계를 쉽게 개선하지 못한다. 알고 보면 별것 아닌 것으로 오랫동안 갈등하고 번뇌한다. 자신이 먼저 상대방에게 다가가서 이런저런 이야기를 꺼내고 '저번 일은 미안하다. 앞으로 잘해보자'는 말을 하지 못한다. 서로 불편하지만 그냥 참고 산다. 그 때문에 많은 정신적 에너지를 빼앗기고 중요한 일에 사용해야 할 집중력을 잃어버리게 된다. 심지어 사는 것이 전혀 재미없다고 느끼기도 한다. 용기 부족이 문제를 복잡하게 만든 것이다.

다른 사람과의 관계에서 여러 가지 갈등으로 고민하는 사람들의 가장 큰 문제는 용기가 부족하다는 점이다. 사람 사이의 문제는 만나서 이야기를 하다보면 갈등이 해결되기 마련이다. 서로 불편한 관계를 만들고 싶지 않기 때문이다. 조금만 이야기해보고 오해를 풀면 훨씬 자유롭고 편하게 살아갈 수 있는데 작은 용기 부족으로 힘들고 어렵게 살아간다. 사람 사이의 관계에서도 용기는 필수적이다. 용기는 품성이기 때문이다.

"완전히 자기 자신을 쏟아 붓는 순간

신의 뜻도 함께 움직인다.

당신이 미처 생각하지도 못한 일들이 일어나서 당신을 도울 것이다.

그러나 몰입하지 않으면 결코 그런 일은 일어나지 않을 것이다.

모든 일은 결심으로부터 시작하며,

예기치 못한 사건, 만남

그리고 물질적인 도움이 생겨

당신을 음으로 양으로 도와준다.

그 누구도 꿈꿔보지 못한 일이 일어나게 된다.

당신이 할 수 있고 꿈꿀 수 있는 것이 어떤 것이든

당신은 그것을 시작할 수 있다.

대담함 속에는 천재성이 있으며,

힘이 있고 마법이 있다.

지금 당장 시작하라."

– 괴테

어떤 사람은 엄청난 재능을 가지고도 그것을 실현하지 못하고 불행하게 살아간다. 또 어떤 사람은 별다른 재주도 없으면서 세상에 뛰어들어 자아를 실현하고 행복하게 살아간다. 그 둘 사이에는 작은 차이가 있을 뿐이다. 바로 용기다. 용기는 사람을 성장하게 만들고 발전하게 만든다. 그래서 끊임없이 용기라도 내는 사람이 자신을 명품으로 만들 수 있는 것이다. 용기 없이는 아무리 큰 배라도 바다로 나갈 수 없다.

로마의 지성 세네카는 말한다.

"어떤 일을 하지 못하는 것은 그것이 어려워서가 아니다. 차마 어려운 일을 할 용기가 없기 때문이다."

용기는 그 자체에 성취를 담고 있다. 그냥 실행으로 옮기기만 하면 이룰 수 있는 것들이 내 것이 된다.

목표가 없으면 길도 없다

날마다 나를
새롭게 하는 힘

삶의 목적의식

독서에 관한 강의를 하다보면 어떻게 하면 생산적으로 책을 읽을 수 있는지에 대한 질문을 많이 받는다. 책을 읽는 사람들이 보다 나은 독서 방법을 찾는 것은 좋은 현상이다. 하지만 '어떻게 읽을 것인가' 를 생각하기 이전에 '왜 읽을 것인가' 가 먼저 고려되어야 한다는 점에서 여전히 아쉬움이 남는다. '왜 읽는가' 하는 문제의 해결 없이 '어떻게' 라는 질문은 무의미하기 때문이다.

책을 읽는다는 것은 구체적인 실천활동이다. 그런데 그 실천활동을 하기 위해서는 그것을 통해 무엇을 할 것인가에 대한 생각이 머릿속에 박혀 있어야 한다. 즉 책을 통해 무엇을 할 것인가를 결정하고 책을 읽어야 한다. 생산적인 책 읽기의 전제는 바로 책을 통해 무엇을 얻고, 그것으로 무엇을 할 것이냐를 결정하는 것이다. 그리고 실제로 책을 읽는 동안 그 관점을 잊지 않는 것이 중요하다.

이것은 또한 우리 삶의 목적의식을 바탕으로 이루어진다. '당신 인생의 목적은 무엇인가?' 라는 질문을 던지면 다들 곤혹스러워 한다. 쉽게 답할 수 있는 질문이 아니기 때문이다. 하지만 질문이 어렵다고 답을 방기한다면 인생에서 진정으로 중요한 목표를 잊어버리기 십상이다. 자기 삶의 목적의식을 가지려는 노력이 없을 때 우리 삶은 중심 없이 표류하게 된다.

자기 삶의 목적의식을 가지려는 노력들은 일상생활에 녹아들어 생산적으로 책을 읽게 할 뿐만 아니라 건강하게 하루를 보내고 그것이 쌓여 곧 의미 있고 생산적인 삶으로 이어지도록 만든다. 목적 없는 하루는 괜찮다. 하지만 목적 없는 1년은 곤란하다.

목표는 가슴을 뛰게 한다

직장생활 초기에 나는 목표가 없었다. 도대체 무엇을 해야 할지 전혀 몰랐다. 무엇을 할지 목표가 없었기에 어디로 가야 할지 어떻게 해야 할지 몰랐다. 하지만 강의를 시작하고 책을 쓰면서 상황은 완전히 바뀌었다. 드디어 잘하고 싶은 것이 생긴 것이다.

고객들의 전화를 받는 일은 내 가슴을 뛰게 하지 못했다. 직장의 업무지식을 배우는 일도 내 심장은 건드리지 못했고, 전산능력을 높이는 일도 오래가지 못했다. 하지만 강의는 달랐다. 강의를 하게 되면서 나는 그것이 나의 평생 직업이라는 사실을 직감했다. 그러자 어떻게 하면 이것을 더 잘할 수 있을까를 고민하게 되었고 결국 강의를 잘하는 것이 나의 목표가 되었다.

목표가 결정되자 예상하지 못했던 일들이 벌어지기 시작했다. 고객들의 전화를 받는 일이 의미 있게 느껴졌고 직장생활에 필요한 직무지식을 익히는 데에도 관심이 생겼으며 강의를 하는 데 필요한 전산능력을 익히기 위해 파워포인트와 관련된 책들을 섭렵하게 되었다. 예전에는 귀찮아 했던 일들이 이제는 중요한 강의 도구로 다가오기 시작했다. 나는 삶의 목적이 아니라 수단에 해당되던 것들을 귀찮아 했다. 목적이 생기자 비로소 수단 또한 의미를 가지게 되었다.

강의를 더 잘해야겠다는 목표를 갖게 되자 모든 것이 강의를 잘할 수 있는 소재와 연결되었다. 책을 읽는 데도 키워드가 생겼고 읽는 속도도 배나 빨라졌다. 좋은 강의 소재를 찾기 위해 사람을 만나는 일에도 적극적으로 임했고, TV는 아예 강의 주제에 맞는 프로그램들만 골라서 보았다. 심지어는 한밤중에 잠을 자다가 일어나서 꿈결에 생각난 아이디어를 적어두고 잠들기도 했다. 일상의 모든 것들이 하나의 목표를 향해서 정렬되기 시작했다.

목표는 힘이 세다

처음 강의를 했을 때는 성공보다 실패가 훨씬 많았다. 나의 첫 번째 강의는 0점 수준이었다. 대중들이 무엇을 원하는지도 몰랐고 내가 무엇을 말해야 하는지도 몰랐다. 그냥 생각나는 대로 주절거렸을 뿐이다. 완전한 실패였다.

두 번째 강의는 첫 번째보다 조금 나아졌지만 큰 차이는 없었다. 강의

시간 내내 따분해하는 사람들의 얼굴을 정면에서 지켜봐야 했다. 그렇게 발전 없는 시간들이 계속되었다. 하지만 나는 주저앉지 않았다. 물러서지 않고 계속해나갔다. 그러기를 여러 달, 개선의 조짐이 보이기 시작했다.

"볼 때마다 달라지는 것이 눈에 보여."

내 강의를 들은 동료가 던져온 말이었다. 그때 느낌이 왔다. 내가 계속 나아지고 있다는 사실이 실감났다. 그런 느낌이 오자 더 잘 해야겠다는 욕구가 솟구쳤다. 더 집중해서 좀더 잘할 수 있는 방법들을 찾았다. 다행히 다른 강사들의 강의 내용을 듣고 그대로 따라하지 않았다. 물론 그들에게서 아이디어를 얻어오기는 했지만 그들이 하고 있는 그대로 앵무새처럼 따라하지는 않았다. 지금 생각해보면 그것이 내가 스스로 강의 프로그램을 만들 수 있는 훈련이 되었던 것 같다.

일단 목표가 생기고 그 목표를 향해 나아가고 있다는 사실을 실감하게 되면서 에너지와 열정이 따라왔다. 목표가 있는 사람은 그 목표에 맞게 지금은 무엇을 해야 할 시기이며 다음에는 무엇을 하는 것이 적당한지 판단할 수 있다. 그러면 이제 그것을 행동에 옮기기만 하면 된다. 그렇게 실패 횟수보다 성공 횟수를 늘려갔다. 그러자 주위가 희망적으로 보이기 시작했다. 부정적인 면들이 사라지고 밝고 건강한 모습들이 보였다. 그런 모습들이 많이 보이게 되자 더 큰 에너지가 생겼고 탄력을 받기 시작했다. 무엇보다도 내가 진정으로 중요한 일에 매진하고 있다는 믿음이 생겼다.

많이 움직여야 목표도 보인다

목표를 찾아내는 일이 쉽지는 않다. 사실 목표가 없기 때문에 많은 직장인들이 표류하고 있다. 목표를 찾기 위해서는 부지런해져야 한다. 그리고 행동 중심적이 되어야 한다. 이것저것 많이 해봐야 어느 것이 자신에게 적합한지 알 수 있다. 다행히 직장생활에서 나는 부지런히 움직이는 편이었다. 이것저것 다양한 업무들을 접해보았고 사람들도 다양하게 만났다. 그런 결과들이 내가 열린 마음으로 세상의 문제에 접근하도록 만들었고 새로운 시도에 대한 거부감을 덜어주었다. 덕분에 나는 빨리 나에게 맞는 괜찮은 일을 찾아낼 수 있었다.

가능하면 다양한 일을 접하는 것이 좋다. 또한 가능하면 도움이 될 수 있는 사람들의 이야기에 최대한 귀를 기울이는 것이 좋다. 그러면서 항상 자신의 재능과 관심사에 주목하고 있어야 한다. 재능과 기회를 조율해나가는 작업이 계속되는 과정에서 자신만의 일을 발견할 수 있다.

철학자 세네카는 아래와 같이 목표에 대한 통찰력 있는 말을 남겼다.

"우리는 우리가 추구하는 바가 무엇인지를 먼저 찾아야 한다. 그러고 나서 그 목적을 가장 빨리 달성할 수 있는 길이 무엇인지 찾아야 한다. 만일 우리가 그 목적지로 향하는 올바른 길을 가고 있다면 매일 얼마나 그 길을 걸어왔는지 알 수 있을 것이며, 마음에 내재되어 있는 인간 본연의 갈망을 통해 그 목적지까지 얼마나 남아 있는지도 알 수 있을 것이다."

새벽에 눈을 떴을 때 목표를 기억하자. 그러면 차츰 목표가 새벽에 자신을 깨우게 될 것이다.

강의를 하는 도중 이런 질문을 받곤 한다.

"사람에게 삶의 목적의식이 중요하다고 말씀하셨는데, 그러면 강사님의 삶의 목적의식은 무엇입니까?"

내 대답은 이렇다.

"제 삶의 목적의식은 여러분께서 목적의식을 갖도록 돕는 것입니다."

목표설정법

1. 젊었을 때 많은 경험을 하려고 노력한다.

2. 경험을 통해서 자극을 얻고 의미를 발견하도록 애쓴다.

3. 자신의 심장을 두드리는 일을 찾는다.

4. 목표와 수단을 구분할 수 있는 눈을 키운다.

5. 현명한 사람들의 이야기를 통해 삶의 목적의식 수준을 높여간다.

생각하는 대로
이룬다

돈이 모이는 사람

큰 욕심 없이 자신의 일에 만족하며 시골에 살고 있는 선배가 있다. 우연히 그 선배 이야기가 나와서 이런저런 이야기를 하던 중에 그도 돈을 좀 모아야 하는 것 아니냐고 주위에서 걱정하는 말이 오갔다. 그때 옆에서 듣고 있던 사람이 끼어들며 말했다.

"그분 돈에 관심이 없죠?"

"네. 그런 것 같아요. 자신이 하고 있는 일에 만족하며 사니까요. 마음 편히 사는 것이 가장 중요하다고 말하기도 했고요."

"그러니 돈이 안 모이죠. 돈에 관심을 갖고 모으려고 기를 써도 어려운 판에 관심이 없으니 돈이 모이지 않는 것은 당연해요. 사람은 자기가 관심을 가지고 생각을 집중하는 쪽으로 흘러가기 마련이니까요."

생각하는 대로 흘러간다

부자들의 비밀은 무엇일까? 요즘 우리나라에서는 부자에 관한 책이 아주 잘 팔린다. 왜 그럴까? 누구나 부자에 대해서 관심이 있고 부자가 되고 싶기 때문이다. 부자가 되기 위해서는 부자들이 어떻게 부를 축적했는지 아는 것이 큰 도움이 된다. 그래서 부자에 관한 책은 잘 팔린다.

부자에 관한 책을 보거나 주변에서 부유하다고 생각되는 사람들을 만나보면 공통점 하나를 발견할 수 있다. 그것은 그들이 돈을 버는 데 탁월한 재주가 있다는 사실이다. 그리고 좀더 깊이 알아보면 더 중요한 사실 하나를 알 수 있다. 그것은 그들의 인생에서 그들이 가장 많이 생각한 것이 바로 돈 버는 방법이었다는 사실이다.

돈을 많이 벌고 싶은 사람은 '어떻게 하면 돈을 벌 수 있을까?' 하는 생각을 멈춰서는 안 된다. 하루 중에서 가장 많이 생각하는 것이 바로 '돈'이어야 한다. 그러면 신기하게도 돈을 버는 방법들이 떠오른다. 그리고 그것을 실행으로 옮긴다. 물론 그 행동으로 돈을 벌지 못할 수도 있다. 하지만 그는 또다시 어떻게 하면 돈을 벌까를 생각한다. 그리고 생각난 것을 다시 행동에 옮긴다. 이것을 오랫동안 반복하게 되면 어떻게 될까? 바로 지금 부자들이 달성한 목표에 도달하게 되는 것이다.

우리 삶은 자신이 하루 종일 어떤 생각을 하느냐에 따라 흘러가는 방향이 달라진다.

'어떻게 하면 좋아하는 이성의 관심을 사로잡을 수 있을까?'

하루 종일 이 생각만 하는 사람에게는 이성에게 관심을 끌 수 있는 방법이 떠오른다. 그리고 실제로 그를 자신의 사람으로 만들 수 있는 가능성도 높아진다.

'어떻게 하면 내가 원하는 목표를 이룰 수 있을까?'

하루 종일 이 목표만을 생각하고 그것에 도달하는 방법을 고민하는 사람에게는 시간의 부족이 문제일 뿐 재능이나 환경 같은 것은 아무런 제약이 되지 못한다. 해야 할 것이 너무 많고 하고 싶은 것도 너무 많기 때문에 그런 것들을 고려할 시간도 없다.

우리가 하루 종일 '어떻게'를 고민해야 하는 이유가 이 때문이다. 생각하지 않으면 답은 나오지 않는다. 생각도 그냥 잠깐하는 생각이 아니라 하루 종일 그것만 생각하고 있어야 한다. 다국적 생명공학 기업 몬산토의 CEO였던 로버트 사피로(Robert Shapiro)는 "우리는 모두 이 세계와 끊임없이 대화를 하고 있다. 이 세계는 자신이 무엇을 원하는지 대화를 통해서 우리에게 가르쳐 줄 것이다"라고 말한 적이 있다. 세계와 대화를 나누는 방법은 바로 자신에게 '어떻게'를 물어보는 것이 아닐까?

우리는 운명을 만든다

지금 자신의 하루 일과를 살펴보자. 그리고 가장 많이 생각하고 있는 것이 무엇인지 기록해보자. 기록해보면 자신의 삶이 왜 엉뚱한 방향으로 흘러가고 있는지를 알 수 있다. 자신이 원하는 것은 성장과 행복이지만 자신이 생각하고 있는 것은 온통 걱정과 불만, 분노뿐이라면 이제 자신의 미래를 개선할 수 있는 좋은 기회를 얻은 셈이다.

다행히 나는 '어떻게 하면 강의를 잘 할 수 있을까?', '어떻게 하면 책을 잘 쓸 수 있을까?'를 오랫동안 생각하며 살아왔다. 지금도 그 생각들이 하루의 가장 많은 부분을 차지한다. 그 생각들로 인해 새벽시간과 출퇴근시간이 열정으로 채워지고 남들이 시시하게 여기는 자투리 시간에도 책을 들게 된다. '어떻게'를 생각하다 보면 자신의 갈망과 욕구가 강해지고 행동의 에너지가 생기기 때문이다.

우리는 우리 스스로 운명을 만들고 그 만들어진 것을 운명이라고 부른다고 한다. 자신이 무엇을 생각하느냐에 따라서 자신의 삶이 결정된다. 그리고 그것은 운명이라고 불린다. 꿈이 있다면 그것을 어떻게 이룰 것인지를 하루 동안 가장 많이 생각해야 한다. 그래야 세상이 던지는 답을 얻을 수 있다. 지금부터 스스로에게 질문을 던져보자.

"이것을 잘하기 위해서는 어떻게 해야 할까?"

"내 꿈을 이루기 위해서는 어떻게 해야 할까?"

하루 종일 이것만 생각하며 살아보자.

하루의 생각 만들기

1. 하루의 생활을 기록해서 자신이 가장 많이 생각하고 있는 것을 정리해보자.

2. 불안과 걱정, 분노에 대한 생각을 목표와 꿈에 대한 생각으로 대체한다.

3. 항상 문제에 부딪힐 때 '어떻게'라는 단어를 생각하자.

4. 우리는 자신이 가장 많이 생각하는 것에 따라 만들어진다.

앞선 발자국을 따라간다

자신이 꼭 성공하고 싶은 분야가 있다고 하자. 그 분야는 지금까지 누구도 개척하지 못한 새로운 분야인가? 그렇지 않을 것이다. 예전부터 그 분야는 있었으며 지금도 존재한다. 완전히 일치하는 분야가 없다고 해도 그와 비슷한 분야는 반드시 존재하기 마련이다.

이것은 아주 중요한 발견이다. 왜냐하면 그러한 분야가 존재한다는 것은 반드시 나보다 앞서 나간 사람이 있다는 뜻이기 때문이다. 나보다 앞서 나간 사람이 있다는 것은 그의 족적을 따라가면 보다 손쉽게 원하는 곳에 도달할 수 있다는 뜻이다. 쉽게 말해서 자기보다 먼저 성공한 사람의 발자국을 연구하고 따라가라는 말이다.

생생한 역할모델을 찾아라

자신이 미래에 그렇게 되었으면 하는 미래상을 가진 사람이 있다. 이른
바 역할모델이다. 자신이 선택한 분야가 음악이든 예술이든 혹은 개그
맨이든 요리사든 그 분야의 최고에 도달한 사람이 있기 마련이고, 그런
사람의 존재는 뒤따르는 사람들에게 엄청난 자극제가 된다. 역할모델을
가진 사람은 자신도 그렇게 되기를 희망하며 그를 연구하고 그처럼 되
기 위해 무엇을 해야 할지 생각하고 기꺼이 노력을 아끼지 않는다. 삶의
에너지가 넘치고 자신이 마치 그와 같이 위대한 인물이 된 것 같은 착각
도 들고는 한다.

만약 이렇게 스스로 정한 역할모델을 가진 사람과 그렇지 못한 사람
이 있다면 누가 원하는 목표를 성취할 가능성이 높을까? 당연히 역할모
델을 가진 사람이다. 역할모델은 자신이 꿈에 그리던 상황을 온몸으로
그것도 현실에서 생생하게 보여주는 훌륭한 깃발이기 때문이다. 그런
의미에서 자신만의 역할모델을 정하는 것은 아주 중요하다.

나는 자기변화와 자기경영이라는 분야에 뛰어들면서 스스로 역할모
델을 정했다. 바로 변화경영전문가 구본형 소장이다. 그는 오랜 직장생
활을 떨치고 스스로 자기변화를 주도하겠다며 사표를 던지고 나와 강의
와 저서를 통해 새로운 인생을 개척했다. 그런 면에서 구본형 소장은 나
의 역할모델이 되기에 충분했다. 또한 다양한 저서를 통해 활동이 알려
져 있기에 연구자료도 충분했다. 덕분에 나는 아직도 방향을 잃지 않고
자기변화와 경영에 관한 꿈을 꾸고 앞으로 나아가고 있다. 나의 또다른
역할모델은 공병호 박사다. 그는 저작활동도 활발하며 자기경영이라는
분야에서 앞서 나가는 국내의 대표적인 전문가이다. 이렇게 나는 역할

모델을 정해두고 내 분야에서 한시라도 눈을 떼지 않았다.

이렇게 나름대로 라이벌을 정하는 데는 《삼국지(三國志)》의 도움을 받았다. 《삼국지》에서 제갈공명은 유비에게 '천하삼분지계(天下三分之計)'를 제시한다. 자원과 인구가 부족한 촉나라에서 시작한 유비가 천하를 통일하기 위해서는 먼저 조조와 손권, 유비를 축으로 천하를 삼분할 필요가 있다고 느낀 것이다. 난립하고 있는 군소영웅들을 통합하면서 힘을 키워나가는 것과 동시에 조조와 손권을 상호 경쟁시킴으로써 유리한 위치를 찾아간다는 전략이었다. 이 전략은 큰 성공을 거두어서 결국 천하를 제갈공명의 손아귀에 들어오도록 만든다.

제갈공명의 지혜에서 주의 깊게 보아야 할 부분은 그가 조조와 손권이라는 당대의 유력한 세력을 자신의 역할모델이자 경쟁자로 설정했다는 점이다. 당시만 해도 미약한 세력이었던 유비가 자신들을 라이벌로 생각하고 있다는 것을 알았다면 조조와 손권은 코웃음을 쳤을 것이 분명하다. 하지만 유비와 제갈공명은 자신보다 큰 세력을 가진 두 사람을 라이벌로 생각함으로써 그 사람들의 마인드를 얻게 된다. 누구를 라이벌로 정하느냐에 따라 어떤 수준의 마인드를 가지게 되느냐가 결정되기 때문이다. 유비와 공명이 무모하다 싶을 정도로 큰 상대를 라이벌로 정하면서 얻은 것은 바로 천하경영이라는 마인드였다.

자기만의 길을 가라

역할모델을 정하고 그를 따라가다 보면 점점 그들과 자신의 다른 점을 발견하게 된다. 사람은 누구나 독특한 개성을 지니고 있기 때문에 다른 사람과 다른 면들이 나타나기 마련이다. 이때 자신의 개성을 역할모델이 가지지 못한 새로운 장점으로 부각시킬 수 있느냐가 중요하다. 개성이 장점이 되고 자기만의 브랜드가 되어야 한다.

그러기 위해서는 자신의 장점에 대한 분석이 철저해야 하고 시대의 흐름에 대한 예측감각도 남달라야 한다. 세상이 요구하는 것이 무엇이며 자신의 장점이 어떻게 부합될 수 있는지를 판단하고 그것을 과감하게 내밀 수 있어야 한다. 그때가 되면 이제 자신이 다른 사람의 역할모델이 될 수 있는 준비도 해야 한다. 튼튼한 가치관으로 무장하며 후배들이 자신의 발자국을 따라올 때 낭떠러지로 가지 않도록 사회적 책무를 다해야 하는 것이다.

리더십 분야의 거장 존 맥스웰(John C. Maxwell) 목사는 성공에 대해서 세 가지 차원에서 말하고 있다. 먼저 자신의 삶의 목적을 깨닫는 것, 그리고 그것을 위해 최대의 잠재력을 발휘해 성장하는 것, 마지막으로 자신의 미션을 수행함으로써 다른 사람에게 유익한 씨앗을 뿌리는 것. 스스로 역할모델을 정하고 성장하며 자신도 누군가의 역할모델이 될 수 있는 튼튼한 가치관을 가지도록 노력해야 하는 이유가 바로 여기에 있다.

1. 자신의 분야를 정한다.

2. 그 분야에서 최고의 반열에 오른 사람들을 파악한다.

3. 그들 중 자신이 끌리는 사람 한두 명을 역할모델로 정한다.

4. 그들의 저작과 강의를 연구하고 학습한다.

5. 자신이 성장하는 과정에서 드러나는 그들과의 차이점과 개성 등을 살리려
   고 노력한다.

약점을 강점으로
뒤집는다

결점을 감추면 정말 결점이 된다

유독 덧니가 심하게 나고 이가 못생긴 아이가 있었다. 자신의 못생긴 치아가 콤플렉스가 되어 남들에게 보여주기를 아주 싫어했다. 그 아이는 웃을 때 항상 입을 가리고 웃어야 했으며 나중에는 그것마저도 어색해 아예 웃는 것을 참고 살았다. 그러다 보니 웃는 능력을 잃어버린 듯 표정이 굳어갔다. 잘 웃지 않는 아이에게 선생님이 왜 매번 표정이 그렇게 굳어 있느냐고 묻자 아이가 우스워도 못생긴 이 때문에 웃을 수 없다고 대답했다. 그러자 선생님은 이렇게 말했다.

"자신의 결점이 드러날까 봐 웃지 못하다니 얼마나 불행한 일이니. 괜찮아 그냥 웃어봐. 결점을 감추면 정말 결점이 되는 거야. 결점은 드러낼 때 없어져."

단점을 뒤집으면 장점이 된다

우리는 모든 것을 잘해야 한다는 강박관념을 가지고 있다. 그래야 사랑받을 수 있고 살아남을 수 있다고 믿기 때문이다. 아주 사소한 약점이라고 할지라도 그것을 드러내 보이는 것은 상대방에게 나를 공격할 수 있는 기회를 주는 일이라는 생각이 들고, 약점 그 자체가 부끄러움이라는 생각을 지니고 있다. 덕분에 있는 그대로의 자신을 인정하지 못하고 자신의 또 다른 모습인 약점을 감추려고만 한다.

하지만 내가 가진 약점은 나의 일부분이다. 키가 작고 못생긴 것은 나의 현재 모습이다. 마음이 넓고 선량한 것도 나의 모습이고, 운동과 등산을 좋아하는 것도 나의 모습이다. 잘나든 못나든 나의 이런 모습이 모두 나 자신이다. 잘난 것은 자신의 것으로 받아들이면서 못난 것은 부정한다면 못난 자신이 설 수 있는 곳은 없어진다. 그것은 감추어야 하고 청산해야 할 어둠이 된다. 그러나 감추고 움츠려들수록 그 어둠이 우리 삶에 고통을 준다.

이런 약점의 스트레스를 극복하기 위해서는 약점의 이면을 볼 수 있어야 한다. 못생겼다는 것은 단점이 될 수 있다. 하지만 그 이면에는 부담이 없다는 장점도 있다. 그래서 개그맨들은 잘생겨서는 안 된다. 상대방에게 부담 없이 다가가 웃겨야 하기 때문이다. 개그맨은 망가져야 웃길 수 있다. 이미 반쯤 망가진 못생긴 개그맨은 특별히 망가지려고 노력하지 않아도 자연스럽게 웃길 수 있다.

이기적인 성격은 흔히 단점으로 거론된다. 하지만 그 이면에는 남들이 뭐라든 자기만의 행복을 추구하며 즐겁게 산다는 장점이 있다. 이기적인 사람은 다른 사람의 시선을 의식하지 않고 자기중심적으로 생활한다. 당연히 스트레스가 적고 남들보다 행복하다고 느낀다. 마음속으로 이기적이고 싶지만 그렇게 행동하지 못하는 사람이 이기적인 사람에게 손가락질을 하는 법이다. 시기와 질투, 모함은 부러움의 다른 표현이다. 이렇게 단점의 이면에는 장점이 숨어 있다.

단점을 장점으로 만드는 법

그렇다면 어떻게 약점을 장점으로 만들 수 있을까?

첫째, 약점을 스스로 밝힐 수 있어야 한다. 둘째, 그것을 통해 다른 사람들과 같이 웃을 수 있어야 한다. 사람들은 남들의 부족한 면을 보면서 안도감을 느끼는 경향이 있다. 남들이 자신보다 부족하다는 사실을 발견하면서 인간적인 교감이 생기기 때문이다. 자신을 공격할 능력이 없는 사람에게는 경계심을 풀어놓는 법이다. 그래서 인간관계의 면에서는 나의 장점보다는 단점이 유용하다.

그런 이유로 스스로 자신의 부족한 면이나 약점을 드러낼 수 있다는 것은 무척 중요하다. 그것을 통해 다른 사람들을 적이 아닌 친구로 만들 수 있기 때문이다. 게다가 자신의 부족한 면을 유머스럽게 표현하면서 같이 웃을 수 있는 기회를 만들 수 있다면 단점을 장점으로 만들 수도 있다.

자신의 부족한 점을 공유하고 즐길 수 있게 된다는 것은 자신의 어두운 면을 드러내 햇볕에 말리는 것과 같은 역할을 한다. 꼭꼭 숨겨두고 가슴 아파했던 못난 모습을 훌훌 털어놓고 나면 마음이 한층 가벼워지고 기분이 좋아진다. 자신의 어두운 면과 밝은 면이 통합되었기 때문이다. 이제 그는 자신의 어두운 면을 다룰 수 있는 힘을 얻게 된다.

   이기적인 직장인 ■

필요한 사람의 기준

사투리가 심하다면 더 리얼하게 사투리를 사용하도록 해보자. 사투리를 구수하게 사용하는 사람은 훨씬 재미있게 상황을 표현한다. 이때 사투리로부터 자유로울 수 있다.

영어실력이 부족하다면 그렇다고 그냥 인정하자. 외국인을 만났을 때 쩔쩔매던 당신의 모습을 우스꽝스럽게 표현해본다면 영어콤플렉스로부터 해방될 것이다. 독수리 타법으로 타이핑을 하는 당신의 둔한 손가락을 가지고 놀아보자. 잘 키운 독수리 열 손가락 안 부럽다며 동료들에게 너스레를 떨 수 있어야 그 독수리는 갇힌 우리를 넘어 창공을 날 수 있다.

많은 재능을 가졌음에도 보기에 역겨운 사람이 있고, 많은 단점을 가졌음에도 상대를 기분 좋게 해주는 사람이 있다. 두 사람 중에서 과연 누가 더 필요한 사람인가?

어느 날 아침, 나보다 키가 20센티미터나 더 큰 후배와 엘리베이터를 탔다. 사람들이 우리 둘을 비교하는 듯 쳐다보았다. 낌새를 알아챈 내가 후배를 올려다보며 물었다.

"윗공기는 좋냐?"

후배가 말했다.

"아주 상쾌합니다. 아랫공기는 어떠세요?"

"이산화탄소 때문에 죽을 맛이다."

엘리베이터 안의 사람들이 모두 웃었다.

약점이 강점이 되게 만드는 법

1. 약점을 스스로 밝힌다.

2. 다른 사람들과 약점을 가지고 놀며 같이 즐긴다.

3. 약점을 가지고 놀 만큼 여유 있고 넉넉한 사람이라는 인상을 준다.

05

문제해결을 위한 도구상자 만들기

같은 반응, 같은 결과

자못 심각하게 담배를 피우고 있던 후배가 갑자기 물었다.

"선배, 나한테는 왜 매번 같은 고민만 생길까요?"

"네 성격이나 행동이 잘 바뀌지 않기 때문이겠지. 같은 일에 똑같이 반응하면 매번 똑같은 결과가 생기거든."

"그건 너무 추상적인데요?"

"문제를 해결하는 방법을 찾아내고 사용했으면 그걸 더 갈고 닦아서 다음번에 똑같은 문제가 생기면 그걸로 쉽게 해결할 수 있어야 한다는 뜻이야. 그렇게 되면 그 문제는 더 이상 문제가 아닌 일상적으로 쉽게 넘어가는 생활이 되는 거야."

문제해결의 도구상자

직장인은 많은 문제들에 부딪힌다. 그리고 그때마다 주위사람들의 도움을 받거나 스스로 학습을 하거나 결단을 내리는 등의 방법을 통해 적절한 해결책들을 찾아내고는 한다. 그런데 매번 문제들을 해결해나가면서도 문제가 해결되었다는 것에 안도할 뿐 문제해결의 실마리가 된 태도변화나 유용한 방법들을 축적하려 하지 않는다. 고민을 해결할 때 사용한 수단들을 문제해결과 함께 버리는 것이다. 그러다 보니 매번 같은 문제에 봉착할 때마다 마치 문제를 처음 대하는 것처럼 난감해진다.

예를 들어 인간적 갈등문제를 해결하기 위해서 '직접면담'이라는 방법을 사용했다고 하자. 갈등이 해결된 후에는 직접면담이라는 방법을 축적해두지 않고 잊어버린다. 시간이 지나고 또 다른 인간적 갈등문제에 봉착하게 되면 제3자의 도움을 받을 것인지, 직접 만나서 일대일 대면을 할 것인지, 간단한 편지를 써서 상대에게 사과의 말을 전할 것인지 등의 해결책들을 두고 다시 고민한다. 이런 고민 끝에 결론을 내리고 그에 따른 노력으로 문제가 해결되면 그 문제를 해결했던 해결책은 깨끗이 잊어버리고 만다.

이렇게 문제해결 방식들이 축적되지 않으면 매번 새로운 방법들을 찾아 헤매야 한다. 그렇게 되면 어떤 것이 효과적인 방법인지 구분하기 어렵고 무엇보다도 문제해결 능력에 발전을 가져오지 못한다. 반복되는 문제들을 해결하고 다루는 능력을 높이기 위해서는 자신만의 문제해결 도구상자를 준비해두어야 한다.

나만의 문제해결 도구상자

1. 고객의 욕구를 파악하는 도구상자

이 상자 안에는 '질문하기'와 '경청하기'라는 도구가 들어 있다. 고객의 욕구를 파악하기 위해서는 질문이 가장 중요한 방법이며 경청이 그것을 뒷받침해준다는 것을 경험했기 때문이다. 그래서 일단 고객을 만나거나 상대방의 의중을 파악해야 하는 경우 질문하기라는 도구를 가장 먼저 사용한다. 그리고 경청하기 도구를 꺼내서 적절히 사용하게 되면 자연스럽게 고객은 자신의 욕구를 알려준다. 불만고객들을 수없이 접하면서 얻게 된 나만의 도구들이다.

2. 인간적 갈등의 도구상자

인간적 갈등상황이 발생했을 때 내가 사용하는 도구는 '자기 돌아보기'와 '일대일 대면'이다. 인간적 갈등이 생겼다는 말은 내가 상대방에게 상처를 입혔거나 상대의 욕구를 이해하지 못했다는 말이다. 그런 점에서 가장 먼저 자신을 돌아봐야 한다. 자신의 부족함을 돌아본 후에 일대일 대면으로 상대방에게 사과를 하거나 양해를 구한다. 지금까지 사용한 인간적 갈등을 푸는 방법들 중에서 가장 좋은 도구들이다.

3. 멘토를 얻는 도구상자

어려운 시기에 조언을 해줄 좋은 멘토를 얻는 도구상자에는 '인간적인 질문하기'와 '배우려는 자세'가 들어 있다. 자신의 일에서 일가를 이루거나 세상을 보는 관점이 탁월한 사람들과 좋은 관계를 맺기 위해서는 일상의 사소한 대화로는 어림도 없다. 사물의 본질과 삶의 지평에 관한 이야기를 인간적인 관점에서 질문할 수 있어야 한다. 그리고 그 질문을 통해서 뭔가 하나라도 배우려는 자세를 보여야 한다. 사람은 느낌만으로도 상대방이 배우려는지 저항하려는지 방어하려는지 안다. 나는 이 방법으로 여러 명의 멘토를 얻었고 어려운 시기에 중대한 결정을 내리는 데 큰 도움을 받았다.

4. 승진을 위한 도구상자

이 도구상자는 비어 있다. 나의 목표가 아니기 때문이다. 하지만 당신의 꿈이 승진과 관계된 것이라면 이 상자를 괜찮은 도구로 채워야 한다. '성과에 집중하기'와 '좋은 인간관계', '창의력 키우기' 같은 것이 들어갈 수 있을 것이다.

5. 리더십 발휘에 필요한 도구상자

리더십을 발휘하기 위해서 필요하고도 효과적인 도구들은 '경청'과 '정보공유', '배려', '모범 보이기'와 같은 것이 될 수 있다. 살면서 가장 파워풀한 도구를 순위대로 적어두는 것이 좋다. 그리고 현재의 직장문화와 분위기에 어느 것이 적절한지를 판단할 수 있어야 한다.

6. 협상을 위한 도구상자

이 상자에 들어 있는 도구도 두 가지다. 하나는 '원칙 지키기'이고 다른 하나는 '술자리 피하기'이다. 협상은 사전에 스스로의 원칙을 정하고 그 원칙을 지키는 것이 중요하다. 어느 선까지 양보할 것인지를 미리 정해두어야 실패를 예방할 수 있다. 그리고 술자리에서의 협상은 자칫 기분에 의해 좌우될 수 있기 때문에 피해야 한다. 그래야 자신이 원하는 결과를 얻어낼 수 있다.

7. 발표를 위한 도구상자

효과적으로 발표할 수 있는 다양한 도구들을 모아둔다. '파워포인트 스킬'과 '풍부한 사례' 같은 것이 포함될 수 있다. 요즘은 파워포인트만 잘 사용해도 기본적인 발표는 할 수 있다. 비주얼한 면까지 가미되면 음성만으로 발표하는 것보다 훨씬 설득력이 강하다. 그것에 사례가 포함되면 청중들의 마음을 움직일 수 있다. 사례가 빠진 발표는 사람을 지치게 만들고 졸리게 한다.

8. 생존을 위한 도구상자

이 상자에는 무엇이 들어갈 수 있을까? '최고의 실적 보여주기, 좋은 인간관계 만들기, 나만이 할 수 있는 분야로 최고가 되기, 줄 잘 서기, 성실하다는 인상주기' 등이 포함될 수 있을 것이다. 하지만 주어진 상황에 따라 달라지는 것이므로 가장 적절한 방법 두세 가지를 선택해서 끊임없이 개발할 필요가 있다.

이 외에도 '마케팅을 위한 도구상자', '미래예측 도구상자', '책을 쓰는 도구상자', '원만한 부부관계 도구상자' 등 많은 도구상자들이 있을 수 있다. 필요에 따라서 자신이 살아가는 데 필요한 상자들을 만들면 된다. 사람마다 효과적인 도구상자의 수와 내용은 다를 수 있다. 각자 처한 상황이 모두 다르기 때문이다.

기록하고 발전시킨다

우리는 살면서 효과적인 문제해결 방법들을 축적해야 한다. 그 과정에서 해결 방법들은 좀더 정교하게 진화하고 발전한다. 그것과 함께 우리의 문제해결 능력 또한 상승한다. 전문가가 되는 것이다.

주의할 것은 도구상자 안의 도구들은 두세 개를 넘지 않아야 한다는 것이다. 무조건 많다고 좋은 것은 아니다. 효과적인 한두 개에 집중하는 것이 훨씬 효율적이다. 어떤 방법이든 약간의 효과는 있다. 우리가 필요로 하는 것은 가장 효율적이며 효과적인 방법이다. 그래서 최적의 한두 개를 찾는 노력이 필요하다.

구체적인 상황에 반복적으로 적용해보아야 한다. 현실적 성공 가능성이 높고 구체적인 방법들을 스스로 개발해야 한다. 그러다 보면 자신의 상황과 조직의 성격에 잘 부합하는 도구들을 만들 수 있을 것이다.

요즘은 직장인들을 위한 다양한 교육이 이루어지고 있다. 커뮤니케이션 교육부터 리더십 교육까지 다양한 직장내 교육프로그램에 참석하는 것은 좋은 도구들을 얻을 수 있는 기회이다. 그곳에서 얻은 도구들을 상자에 넣어두고 수시로 사용해보기를 권한다. 그것이 살아있는 지식이다. 어느 날 갑자기 상사와 갈등이 생겨 고민할 때 꺼내 쓸 수 있는 도구가 무엇인지 스스로 발견하게 될 것이다.

 이기적인 직장인 ■

1. 당신의 주된 문제들이 무엇인지 정의한다.

2. 문제들을 주제별로 묶는다.

3. 문제해결에 필요한 도구들을 정리하고 기록한다.

4. 효과적인 도구들을 정리하고 발전시킨다.

5. 새로운 문제들에 그 도구들을 적용시키고 피드백한다.

06

하루를 보내는 특별한 방식

1년과 10년

사람은 자신이 1년 동안 할 수 있는 일은 과대평가하고, 10년 동안 할 수 있는 일은 과소평가하는 습성이 있다고 한다. 이 말은 사람들의 시각이 단기적이어서 1년 안에 모든 것을 끝내려고 하다가 일을 그르치는 경우가 많다는 교훈을 남겨준다. 반면 자신의 삶을 성공적으로 살아가는 사람들은 10년 동안 할 수 있는 일을 제대로 평가하고 준비한다. 이를 토대로 그들은 하루를 완전히 다르게 살아간다.

그런 사실을 인지한 후부터 나는 하루 중에서 최소한 두세 시간 만큼은 자신의 것으로 만들기 위해 적절히 일과를 조정했다. 특히 새벽시간과 출퇴근시간을 완벽하게 이용했다. 그 결과 수많은 책을 읽을 수 있었고 여러 권의 책도 쓸 수 있었으며 강의자료도 폭넓어졌다. 모두 하루의 두세 시간을 수년 동안 계속해서 활용해온 결과였다.

하루를 기록한다

우리가 관리할 수 있는 시간의 단위 중에서 가장 의미 있는 단위는 바로 '하루'다. 하루는 잠으로 구분될 수 있기 때문에 가장 명확한 시간의 단위가 될 수 있다. 1시와 2시 사이는 구분할 방법이 시각적인 것 외에는 별로 없다. 그냥 시계를 보면서 지금은 1시고 좀 있으면 2시가 된다는 정도일 뿐이다. 하지만 오늘과 내일은 잠으로 구분되기 때문에 명백히 구분된다. 피드백이 확실하다. 확실한 피드백은 관리의 효율을 높인다.

성취하는 사람들과 그렇지 않은 사람들은 하루를 사는 방식이 분명 다르다. 그것도 완전히 다르다. 일단 일어나는 시간부터 잠드는 시간까지의 시간 배분이 다르다. 자기 삶을 주도적으로 사는 사람들은 일찍 일어난다. 그리고 시간을 주도적으로 사용하고 무엇을, 언제 할 것인지 명확히 정하고 반드시 그것을 그 시간 안에 해낸다. 반면 쉽게 주저앉는 사람들은 자신의 시간을 스스로 통제하지 못한다. 심지어 자신이 주도권을 가진 시간마저 외부자극에 통제권을 내주고 숙주로 전락한다.

먼저 자신이 하루 동안 무엇을 어떻게 하고 있는지를 기록해보자. 자신의 행동을 시간대별로 기록하는 것이다. 기록해보면 자신의 시간이 어떻게 소모되고 있는지 알 수 있다. 그러면 왜 목표를 달성하지 못하고 항상 제자리걸음을 하는지 확연히 알게 된다. 모든 것은 시간이 범인이다.

시간을 사용하는 태도

성취하는 사람들과 그렇지 않은 사람들은 시간을 사용하는 '내용'에서

도 차이가 나지만 더 큰 차이를 보이는 부분은 시간을 사용하는 '태도'
에 있다. 직장생활을 하다보면 원치 않는 일에 어쩔 수 없이 시간을 할
애해야 하는 경우가 있다. 회의나 교육, 회식, 중간 중간의 이동, 면담,
출퇴근 같은 것이 그렇다. 이런 시간들은 업무를 좀더 잘하기 위해서 사
용되는 부수적인 시간들이지만 이 시간을 어떻게 사용하는지에 따라서
삶의 주도권 여부를 가늠할 수 있다. 핵심업무에 투여하는 시간에는 큰
차이가 없지만 그 부가적인 활동을 위한 시간은 사람들마다 큰 차이가
나기 때문이다. 그리고 그 차이는 곧 핵심업무 능력으로 이어진다. 부가
적인 시간이 도끼를 가는 시간이라면 핵심적인 시간은 실제로 도끼로
나무를 찍는 시간이다.

우리는 매일매일 생각으로 그려두었던 일과에 따라서 자신의 하루 일
을 실행한다. 아침에 몇 시에 일어나 몇 번 버스를 타고 언제쯤 회사에
도착해서 어떤 일들을 할 것이며 퇴근 후 무엇을 할 것인지가 이미 생각
으로 결정되어 있다. 그 생각의 프로그램에 따라 하루를 운용한다. 그래
서 자신이 하루에 무엇을 할 것인가를 결정하고 필요한 시간을 주도적
으로 만들고 사용할 수 있는 사람에게 승산이 있는 것이다. 핵심업무를
하는 시간 외에 그것을 좀더 잘할 수 있도록 만드는 시간을 목적의식적
으로 활용하자. 그것이 성취의 속도를 좌우한다.

하루를 보내는 특별한 방식

나는 하루의 일과 중에서 반드시 지켜야 할 것 몇 가지를 정해두고 있
다. 천재지변이나 특별한 일이 일어나지 않는 한 이 원칙들은 반드시

지키려고 노력한다.

1. 아침시간 20분은 무조건 책을 읽는다

아침시간 20분 동안 하는 독서는 엄청난 힘을 준다. 하루를 어떻게 살아야 할지 계획하고 삶의 목적의식을 일깨우고 행동의 에너지를 얻을 수 있게 한다.

2. 하루에 메일 하나를 보낸다

메일을 보내는 것은 잊혀질 수 있는 사람들에 대한 관계를 유지하는 데 큰 도움을 준다. 우리나라 사람들은 대체로 꼭 만나야 하는 일이 아니라면 서로 잘 연락하지 않는다. 그 때문에 사람을 잃고 만다. 특별한 일이 없더라도 안부를 묻고 자신의 일상에 관한 이야기를 하는 것은 서로의 관계유지뿐 아니라 자신의 하루를 점검하는 데도 큰 도움이 된다.

3. 하루에 한 번은 산책을 하거나 하늘을 본다

이 시간은 삶에 여유를 주고 사물과 사건에 대한 관점을 확장시켜 어떤 일에나 보다 유연하게 대처하도록 돕는다.

4. 하루에 글 하나를 쓴다

꼭 원고를 쓰는 일이 아니라고 할지라도 하루에 글 하나는 남기려고 노력한다. 감사한 일, 재미있는 일, 아쉬운 일들을 이리저리 적어가다 보면 예전에 몰랐던 삶의 의미를 발견하게 되는 경우가 많다.

누구나 자신만이 가진 삶의 패턴이 있다. 그런 삶의 패턴들을 재점검해보고 생산적인 요소들로 대체할 필요가 있다. 사소해 보이지만 이런 습관이 오랫동안 누적되었을 때 막강한 힘이 되고 질적인 변화를 만들어낼 수 있다.

07

먼 길을 가는
타잔의 지혜

두 가지 시험

어릴 때 재미있게 본 외화 중에 '타잔' 이라는 TV프로그램이 있었다. 무척이나 인기 있는 외화였는데 학교를 마치면 동네아이들이 모여 너는 타잔, 나는 치타, 너는 제인, 나는 코끼리, 이렇게 배역을 정해두고 따라 하곤 했다. 초등학교 시절 본 프로그램이었지만 그중에는 아직도 잊혀지지 않고 생생히 기억나는 내용들이 있다.

그중에 타잔이 아프리카 원주민 부족의 일원으로 인정받기 위해서 시험을 통과하는 장면이 가장 기억에 남는다. 원주민의 추장은 타잔에게 두 가지 시험을 통과해야 자신의 부족민으로 인정받을 수 있다고 했다. 그러면서 두 가지 시험을 제시하는데 하나는 힘에 관한 것이고, 다른 하나는 지혜에 관한 것이었다.

먼저 힘에 관한 시험은 타잔이 양손으로 줄을 잡고 서서 각각 반대방

향으로 움직이는 황소 두 마리의 힘을 큰 북이 열 번 울릴 때까지 견뎌내
는 것이었다. 타잔이 누구던가. 아프리카의 원주민들도 못하는 동물들
과 대화를 하고, 그것도 모자라 사자와 코끼리를 자기 마음대로 조종할
수 있는 인물이 아닌가. 그 정도의 시험은 거뜬히 이겨낸다. 재미있는
것은 두 번째 시험인 지혜에 관한 것이었다.

두 번째 시험에서 추장은 타잔에게 문제를 제시한다. 그가 낸 문제는
이것이었다.

"멀고 험한 길을 가는데 적이 당신을 노리고 있다. 어떻게 하겠는가?"

질문이 추상적이면 답도 추상적일 수밖에 없다.

"먼저 적을 만나고, 길을 갑니다."

타잔은 이렇게 대답해서 시험을 통과하게 된다.

행동하는 사람은 고민할 틈이 없다

직장인들은 불안이 생활이다. 오늘 제출한 기획서가 퇴짜 맞지 않을까
불안해하고, 회사의 권고사직이 언제 닥쳐올지 몰라 불안해하고, 어제
산 주식이 오늘 곤두박질치지 않을까 불안해한다. 세상이 하도 불안 불
안하니까 이제 웬만한 불안에는 눈도 꿈쩍하지 않을 만도 한데 그렇지
가 않다. 불안은 바로 생존의 위협, 파괴되는 행복에 대한 두려움이기
때문이다.

불안이 좋지 못한 점은 하는 일에 집중하지 못하게 만들기 때문이다.
공부하는 학생이 시험을 잘 치지 못할까 걱정하는 마음이 커지면 공부에
집중할 수 없는 법이다. 불안은 하던 일을 중단하게 만들고 다른 쪽을 기

불안한 사람이 무엇인가에 강한 집중력을 발휘하기는 어렵다. 가정에 문제가 있는 사람은 회사일에 집중하지 못한다. 언제 실직을 당할지도 모른다는 두려움이 강한 사람은 자신의 일에 자부심을 가지기 어렵다. 글을 쓰는 사람은 자신의 글이 독자들에게 비난만 받을지도 모른다는 두려움이 생기면 제대로 된 글을 쓸 수 없다. 자신이 괜찮은 삶을 살 수 있다는 확신 대신 별 볼일 없는 인생으로 마감할 수 있다는 불안에 집착한다면 장기적인 자기경영을 유지하기 어렵다.

그런 면에서 불안을 제거한다는 것은 행동에 터보엔진을 다는 것과 비슷한 효과를 가져올 수 있다. 불안하지 않기에 흔들리지 않고 자신의 꿈을 향해 하루를 밀고 갈 수 있다. 하지만 어떻게 불안을 제거할 것인가? 문제는 그것이다.

목표가 없는 사람은 불안하다. 무엇인가를 해야 한다는 것은 알지만 아무것도 하고 있지 않은 자신을 발견한다는 것은 두려운 일이다. 반면 무엇인가를 하는 사람은 덜 불안하고 안정되어 있다. 지금 무엇인가를 하고 있기 때문이다. 그래서 행동은 불안을 덜어주는 첫 번째 요소가 된다. 행동하는 사람은 고민할 틈이 없기 때문이기도 하지만 무엇보다 행동은 무엇인가를 하고 있다는 긍정적인 마인드를 주기 때문이다. 자기 삶에 목표가 생기고 추구해야 할 행동들을 하게 되면 인생에 대한 불안감이 사라지기 시작한다. 그리고 필요한 행동을 규칙적으로 하면서 자신에 대한 신뢰가 강해질수록 불안이라는 단어는 점점 자신의 사전에서 사라지게 된다.

양심의 소리에 따르자

불안에는 경제적인 것과 정신적인 것이 있다. 경제적 의미의 불안은 자신이 가난하고 불우하게 살다가 비참하게 생을 마감할지도 모른다는 느낌이다. 정신적 의미의 불안은 가치 없이 무의미하게 살다가 눈감으며 후회하게 되는 것은 아닐까 하는 두려움과 관계가 있다.

경제적 의미의 불안은 돈을 모으면 된다. 하지만 정신적 의미의 불안을 해소하는 것은 쉽지가 않다. 자신이 하는 일에 대한 정당성을 스스로 부여할 수 있어야 하기 때문이다. 그리고 이 작업은 하루 이틀에 끝나는 것이 아니다. 자신이 가치 있게 살아가고 있다고 느끼는 사람에게는 자기 삶의 방식에 대한 강한 믿음이 있다. 이 믿음이 불안을 사라지게 하고 자기 삶을 밝히는 등불이 된다. 그래서 항상 자신의 양심의 소리에 귀를 기울이며 살 필요가 있다.

자기경영의 시대에 이는 중요한 의미를 갖는다. 자기경영이란 자신을 가치 있게 살도록 만드는 일이기 때문이다. 먹고살기 힘든 시대일수록 자신의 양심을 지키기 위해 노력하고 건강한 가치관을 만들어가기 위해 애써야 하는 이유가 여기에 있다.

만약 멀고 험난한 인생의 길을 가야 하는데 무엇을 해야 할지 모르는 막막함과 언제 가난의 굴레로 떨어질지 모른다는 불안이 자신을 노리고 있다면 어떻게 해야 할까? 그 답은 타잔이 가지고 있을 것이다.

'불안을 없앤 후 당신의 인생길을 간다.'

이제 자신을 사로잡고 있던 불안의 구름을 걷어내자. 어차피 잃을 것이라고는 아무것도 없다는 헝그리정신이 필요하다. 아무것도 가지지 않은 사람은 잃을 것도 없고 불안도 없다. 태어날 때 빈손으로 왔듯이 빈손으로 갈 것이다. 삶이라는 먼 길을 가는데 불안이라는 비구름을 달고 다니면서 힘들어 할 이유는 없지 않을까.

불안을 제거하는 법

1. 목표가 없는 사람은 불안하다. 목표를 정하라.

2. 행동하라. 행동하는 사람은 불안할 틈이 없다.

3. 더 이상 잃을 것이 없다는 헝그리정신을 가져라.

4. 자신의 양심의 소리를 따르라. 양심이 신념을 주고 불안을 제거한다.

08

자신만의 프로젝트 만들기

정말 바쁜 사람은 바쁘지 않다

친한 강사분을 만나서 소주 한잔을 하는 도중 갑자기 그가 물어왔다.

"요즘 바쁘시죠?"

"아니요. 별로 안 바빠요. 왜 제가 바쁠 거라고 생각하세요?"

"일 년에 책 두 권씩 쓰고, 회사 다니고, 강의하고, 일인 삼역을 하는데 당연히 바쁘실 것 같아서요."

"하지만 생각하신 것만큼 그렇게 바쁘지는 않아요. 오히려 여유가 있는 편이죠."

"음… 대충 이해가 가네요."

"무슨 말씀이신지?"

"정말 바쁜 사람은 자기가 무엇을 해야 하는지 스스로 결정할 수 있는 사람이예요. 다른 사람들이 그를 계속 찾을 만큼 능력이 있다는 징표죠.

그는 스스로 일을 할 것인지 말 것인지 결정할 수 있는 힘이 있어요. 그래서 스스로를 바쁘지 않게 만들 수 있죠. 그런 까닭에 정말 바쁜 사람은 바쁘지 않아요."

바쁘지 않은 비결

실제로 나는 일 년에 책 두 권을 쓴다. 회사도 다니고 강의도 하고 교육 프로그램도 만들고 남들보다 훨씬 많은 책도 읽는다. 보통의 상식으로는 당연히 늘 시간에 쫓기고 바빠야 할 것 같다. 하지만 아내는 내가 놀고먹는 줄 안다. 다들 잠든 새벽시간 외에는 집에서 일을 거의 하지 않기 때문이다.

여기에는 제법 많은 일을 하면서도 바쁘지 않은 나만의 비결이 있다. 글 쓰고 강의하고 책 읽는 모든 활동이 하나의 단락으로 구분되어 있어서 맺고 끊어짐이 확실하다. 그 덕분에 단기간의 활동에 집중력을 발휘할 수 있다. 단기간의 활동이란 다름 아닌 프로젝트를 구성하고 완성하는 것이다.

프로젝트란 궁극적인 목표를 달성하기 위해 성과중심으로 나눈 특정 기간별 세부사업을 말한다. 한 권의 책을 쓰는 일, 하나의 교육프로그램을 만드는 일, 강의 하나를 하는 일, 한 분야의 필요한 지식들을 습득하는 일, 특정 주제별로 묶여진 여러 권의 책들을 읽는 일 등이 모두 프로젝트다.

예를 들어 '이기적인 직장인' 에 대한 책을 쓰기 위해서는 '이기적인 직장인 프로젝트' 를 만든다. 이 프로젝트에 주제와 목차, 집필기간, 운

문기간, 협조를 받을 사람, 최종 목표 등을 자세히 기록해둔다. 그리고 하루 중 몇 시간을 어느 시간대에 투자할 것인지도 기록한다. 이것을 바탕으로 특정 기간 동안 필요한 행동을 반복하며 프로젝트를 기한 내에 완성한다. 이것이 나의 프로젝트 진행 방식이다.

프로젝트는 결과물이다

직장생활에서 나만의 목표를 정한 후 수도 없이 프로젝트를 반복해서 진행해왔다. 실패하기도 했고 성공하기도 했다. 그러나 그것을 중단하지는 않았다. 실패하든 성공하든 장기적인 목표를 위해 꼭 필요한 것들이었기에 계속해서 밀어붙였다. 재미있게도 시간이 갈수록 프로젝트의 성공률이 높아졌다. 이렇게 자신의 일을 프로젝트로 만들어서 진행하면 좋은 점이 많다.

첫째, 무엇을 할 것인지에 대한 목표가 명확해진다. 장기목표는 추상적으로 표현될 수밖에 없기에 오늘 혹은 일주일, 한 달 동안 해야 할 일의 구체적인 방향과 내용을 알려주기 어렵다.

반면 단기 프로젝트는 지금 당장 내가 무엇을 해야 할지를 구체적으로 알려준다. 언제까지 끝내야 한다는 마감시간도 정해놓고 있기 때문에 그 기간까지 목표를 향해 자신을 밀어붙이는 추진력도 얻을 수 있다. 무엇을 해야 할지 알지 못하는 사람들의 문제는 추상적인 목표는 있되 그것을 위해 지금 무엇을 해야 하며 그 방법은 어떤 것인지, 시간은 언제 투자할 것인지를 확정하지 못한다는 데 있다. 프로젝트는 이 모든 것을 명확히 알려준다.

둘째, 성과가 눈에 보인다. 측정이 가능하다는 말이다. 책을 쓰는 일이라면 지금 몇 페이지를 쓰고 있는지를 분명히 알 수 있고 언제쯤 끝날 것이라는 예측도 가능하다. 책을 읽고 있다면 얼마나 읽었으며 언제쯤 다 읽을 수 있는지 예측할 수 있다. 그리고 책을 읽거나 쓰고 난 후에는 그 결과물들이 남는다. 눈에 보이는 결과물이 있기에 프로젝트는 실패와 성공을 명확히 피드백할 수 있고 자신에게 어떤 도움이 될 것인지 알 수 있다.

셋째, 하나의 프로젝트는 다른 프로젝트를 실행하는 데 도움을 준다. 하나를 성공시키고 난 후에는 다른 프로젝트에 대한 계획을 세우기가 용이하고 해냈다는 자신감으로 좀더 나은 목표를 향해 나아갈 수 있다. 큰일들을 작은 단위로 나눔으로써 성취도를 높이고 그 성취도가 다른 일들에 긍정적인 영향을 준다.

이렇게 자신의 일들을 프로젝트로 구성해서 실행하고 피드백한 후에는 그 결과물을 포트폴리오에 남겨야 한다. 반드시 그 결과물을 눈에 보이는 방식으로 남기는 것이 중요하다. 그래야 궁극적인 자신의 최종 목표에 대한 열정이 강해지고 실현 가능성을 높여나갈 에너지가 생긴다.

프로젝트 진행의 유의점

프로젝트를 진행함에 있어서 유의해야 할 점이 있다. 절대 6개월 이상을 넘어가서는 안 된다. 경험으로 비추어보면 3개월 혹은 4개월 이내가 적당하다. 그 시간을 넘어가면 통제하기가 어렵다. 오늘 구체적으로 무엇을 할지 알려주는 것이 프로젝트인데 너무 장시간을 요하는 것이라면 자칫 방심하게 하거나 지치게 만들 수 있다. 그렇다고 너무 짧은 것도 바람직하지 않다. 짧은 기간에 이루어지는 일들은 성과가 미미하기 때문에 적절한 성취감을 주기 어렵다. 최소한 2주일 이상의 시간이 걸리는 일들을 프로젝트로 구성하는 것이 바람직하다.

주의할 것은 최초의 프로젝트에서 실패하면 모든 프로젝트가 실패할 수 있다는 사실이다. 한 번의 실패는 자신을 무능력하게 만들고 의지를 감쇄시켜 주저앉게 만들 수 있다. 그래서 첫 프로젝트는 실행 가능성이 높으면서도 목표와의 연관성을 가져갈 수 있는 효과성이 높은 것을 선택하는 것이 좋다. 자신의 능력에 비해 지나치게 높은 목표를 시도하다가 실패하는 우를 범할 필요는 없다. 쉽게 가는 길이 효과적으로 빨리 가는 길이다.

그리고 한 번 실패했다고 다시 시도하지 못하는 우를 범하지는 말자. 나도 처음 몇 년 동안은 수도 없이 프로젝트에 실패했다. 하지만 실패하는 만큼 성과는 남았다. 완전한 실패는 없는 법이다. 시도하는 만큼 배우고 성장하고 발전한다. 그러다 언젠가 제대로 그것을 해낼 수 있는 날이 온다. 한 번의 성공보다 그 성공을 다시 반복해낼 수 있느냐가 더 관건이다.

단기 프로젝트 구성 시 유의점

1. 궁극적인 목표 달성에 기여하는 것이어야 한다.

2. 실행 가능할 만큼 구체적이어야 한다.

3. 실행에 필요한 시간을 정확히 예측해야 한다.

4. 하루의 시간 중에서 어느 시간을 사용할 것인지 결정해야 한다.

5. 마감시간을 명확히 하고 반드시 지켜야 한다.

6. 결과물은 눈에 보이도록 한다.

프로젝트의 진행 절차

1. 궁극적인 목표 달성을 위해 지금 해야 할 일들의 리스트를 작성한다.

2. 리스트의 우선순위를 결정한다.

3. 리스트를 프로젝트화해서 실행계획표를 작성한다.

4. 최우선의 프로젝트를 선정해서 세부 실행계획을 세운다.

5. 협력자와 필요한 자원을 조사하고 준비한다.

6. 수행한다.

7. 피드백한다.

09

업무 수첩은
인생 수첩이다

허전해서

회의시간에 우연히 동료의 수첩을 보았다. 일정표도 텅 비어 있었고, 메모도 전혀 없어 완전히 새것 같았다.

"수첩이 왜 그리 깨끗해?"

"별로 쓸 일이 없으니까 그렇지. 회사에서 나눠주길래 그냥 들고 다닐 뿐이야."

"쓸 일도 없는데 왜 가지고 왔어?"

"아무것도 없으면 허전하잖아."

업무수첩이 비면 인생도 빈다

대부분의 직장인들에게는 업무수첩이 주어진다. 월별 일정표와 일별상황을 기록하고 아이디어를 적어둘 수 있는 다양한 기능의 업무수첩이다. 하지만 대부분의 직장인은 이 업무수첩의 절반도 채우지 못한 채 한해를 마감한다. 주어지는 업무수첩을 자신의 것으로 활용하지 못하기때문이다. 고작해야 업무회의나 교육 때 빈손으로 가기가 어색해서 들고 가는 용도로 이용될 뿐이다. 그렇다고 자기의 목표에 맞게 계획을 진행시키고 관리할 수 있는 수첩이나 일정표를 따로 가지고 있는 것도 아니다. 자신의 일과를 계획하고 정리하고 있지 않은 것이다.

한 사람의 미래는 그의 수첩이나 일정표를 보면 알 수 있다. 그가 자기 삶을 만들어가고 있는 것인지 아니면 그냥 시간만 흘려보내고 있는 것인지가 눈에 보이기 때문이다.

자기 삶을 주도적으로 만들어가는 사람들의 수첩에는 오늘의 일정과 내일의 할 일, 주간과 월간의 핵심사안들이 상세히 기록되어 있다. 수첩은 하루와 일주일, 한 달 혹은 한 분기를 포함하는 자기 삶의 기록과 같다. 그래서 수첩만큼 그 사람을 잘 알게 해주는 것도 별로 없다. 사람이 하는 말에는 거짓이나 가식이 있을 수 있지만 수첩에는 그런 것이 없다. 수첩을 보면 사람을 알 수 있고 미래도 알 수 있다. 만약 나의 수첩이 텅 비었다면 나의 삶도 그것과 비슷할 것이다.

수첩과 일정표는 내가 오늘 하루 무엇을 해야 하며 무엇에 집중할 것인가를 알려준다. 내가 어디를 향해서 달려가고 있는지 알려주는 표지판 같은 역할을 한다. 일정표는 내가 하루를 어떻게 보내야 할지 그에 대한 확실한 기준을 설정해준다. 그래서 수첩이나 일정표가 없거나 있다 해도 사용하지 않는 사람은 목표가 없는 사람이라 할 수 있다.

일정표의 힘

일정표를 사용하면 시간이 소중하다는 것을 절감하게 된다. 일정표는 하루라는 시간 동안 내가 뭘 했는지를 눈앞에 선명하게 보여주기 때문이다. 그래서 일정표를 작성하는 사람은 시간 사용에 보다 적극적이고 체계적일 수밖에 없다. 바쁜 사람만이 시간의 소중함을 안다. 바쁘지 않은 사람은 시간의 소중함을 알 길이 없다. 시간이 남아서 주체를 못하는 사람에게 시간은 죽여야 할 대상일 뿐이다. 자기 시간을 가지고 싶어서 환장한 사람에게 주어지는 10분의 자유시간은 세상 무엇과도 바꿀 수 없는 소중한 것이다.

일정표는 하루 일의 우선순위를 명확히 알려준다. 무엇을 중심으로 하루 일을 진행해야 할지 모르는 사람에게는 삶의 에너지가 발생하지 않는다. 무엇에 중심을 두어야 할지 명확히 알아야 그것에 대해 스스로 동기부여하고 자신을 던질 수 있다. 우선순위를 안다는 것은 자기 삶의 길이 어디로 놓여 있는지 눈으로 보는 것이다. 그 길을 통해서 오늘의 일을 해나갈 때 언젠가 내가 월하는 곳에 도달할 수 있다는 열정과 에너지가 생기는 것이다.

때로는 어쩔 수 없이 해야만 하는 의무적인 일들이 있게 마련이다. 불편한 고객을 만나야 하고, 자기 일과 관계도 없어 보이는 회의나 교육에도 참석해야만 한다. 하지만 주도적 삶의 태도를 가진 사람의 핵심에는 잡다하고 의무적인 일에 사용되는 시간을 어떻게 대처해야 할지에 대한 명확한 기준이 있다. 그들은 그런 의무적인 시간들조차 주체적으로 사용한다. 일정표 관리는 시간 관리라는 의미와 동시에 자신의 행동을 관리한다는 적극적인 의미를 담고 있다.

회사에서도 일정표 관리의 필요성은 절실하다. 일정표와 수첩을 상세하게 기록하고 사용하고 있는 모습을 상사가 본다면 어떤 일이 벌어질까? 가장 먼저 기존에 그 직원에 대해 갖고 있던 생각을 다시 검토하게 된다.

'이 친구 대충대충 사는 줄 알았더니 그게 아니었군.'

'예상외로 꼼꼼한 구석이 있네.'

이런 생각을 하게 되면서 기존의 시각이 바뀌게 되고 조금씩 신뢰감을 주게 된다. 이것은 업무능력과는 또 다른 것이다. 기록하고 메모하고 체계적으로 업무를 추진한다는 인상을 주게 됨으로써 최소한 중요한 업무를 빠뜨리지는 않을 것 같다는 믿음을 준다.

지위가 좀 있는 상사들은 자신과 마음이 맞는 부하직원 한두 명을 인사이동이 있을 때마다 같이 데리고 다니는 경향이 있다. 그것은 일을 하는 능력의 문제와 연관되어 있기도 하지만 무엇보다 신뢰감과 깊이 연관이 되어 있다. 이 친구와 일을 했더니 빠뜨리지 않고 꼼꼼하게 잘 챙기더라는 기본적인 신뢰감이 그 원천인 것이다. 사람들은 능력은 뛰어나지만 덤벙대고 빠뜨리는 사람들을 불안하게 생각한다. 자기 스스로도 관리하지 못하는 사람을 신뢰할 수는 없는 노릇이다.

일정표 작성법

다음은 일정표를 작성할 때 참고해야 할 것들이다. 먼저 일정표는 자기 삶이 드러나도록 구성해야 한다. 매월의 일정표 가장 윗칸에는 그 달의 가장 중요한 업무들을 기록하고 지침이 될 수 있는 명언이나 좋은 글들을 적어둔다. 이를 통해 한 달 동안 무엇을 해야 할지가 밝혀지고 효과적인 동기부여를 할 수 있다.

하루의 일정표는 시간 단위로 구분하는 것이 좋다. 혹은 아침, 오전, 오후, 저녁, 밤으로 구분해서 관리하는 것도 효과적이다. 시간을 구별하지 않으면 관리하기 어렵다. 세부 시간으로 쪼개면 시간이 아깝게 생각되고, 그 시간 동안 주어진 일들을 해야 하기 때문에 마감시간이 주는 긴박감도 즐길 수 있다.

일정표는 항상 가지고 다닐 수 있어야 한다. 그래서 가방 속에 들어갈 수 있는 크기가 적당하다. 아니면 양복주머니에 들어갈 수 있을 정도의 크기로 휴대하는 것도 하나의 방법이다. 항상 가지고 다녀서 휴대폰처럼 없으면 허전한 느낌이 들어야 한다. 모든 것이 일정표 안에서 이루어지도록 구성하고 구체적으로 기록해야 한다. 그래야 일정표의 힘을 제대로 발휘할 수 있다.

일정표는 수첩의 기능이 포함되어 있는 것들이 대부분이다. 그곳에 수시로 생각나는 아이디어들을 적어두고 시간이 나면 읽어보고 구체화시키는 용도로 활용하면 효과적이다. 아이디어는 일상에서 발생한다. 그것을 포획해야 성과로 이어질 수 있다. 일단 적어둔 아이디어는 언젠가 유용하게 사용될 날이 반드시 온다.

나는 아침에 출근하면 일정표부터 살펴본다. 그리고 하루 일과의 차례를 쭉 적어본다. 그 순간 하루가 의미 있게 생각되고 가슴이 벅차오르는 것을 느낀다. 사소한 일이라도 일정표에 적어두고 하루를 진행하는 습관을 가져보자. 하루가 달라지고 한 달이 달라질 것이다.

1. 하루에 집중해야 할 일이 무엇인지 순위를 밝혀준다.

2. 무엇이 빠졌는지 확인할 수 있다.

3. 내일 혹은 다음 주의 일을 예측하고 준비할 수 있다.

4. 새로운 아이디어를 기록하고 확장할 수 있다.

5. 자신의 행동을 관리할 수 있다.

6. 상사에게 회사일에 충실하다는 인식을 줄 수 있다.

7. 자기관리를 잘하고 체계적이라는 신뢰감을 줄 수 있다.

회의시간에 생긴 일

어느 날 창의적 마케팅 방안에 관한 회의가 열렸다. 팀장은 사전에 공유할 자료를 메일로 배부했고 충분히 숙지하고 왔으리라 믿었다. 하지만 회의를 시작하자마자 팀원들은 무관심과 묵묵부답의 난감한 표정을 연출했고 팀장은 그들이 아무런 준비도 없이 참석했음을 눈치 챘다. 사실은 어느 정도 예상했던 일이다. 그가 팀원들에게 돌아가며 물었다.

"김 대리, 내가 자네에게 보내준 메일 읽어봤나?"

"아니요, 바빠서 읽어보지는 못했습니다. 죄송합니다."

"박 주임, 자네는 읽어봤나?"

"네, 열어서 대충만 훑어봤는데 바빠서 자세히 보지는 못했습니다."

그러자 팀장은 어이없다는 투로 쏘아붙였다.

"자네 웃기는구먼. 내가 보낸 메일은 오류가 나서 첨부파일을 열 수 없었네. 그런데 자네는 그것을 어떻게 볼 수 있었나?”

“…”

쓸모없는 시간들

“병원에 근무하는 간호사의 과업은 환자를 돌보는 것이다. 그러나 이와 관련된 한 연구결과에 의하면 간호사의 활동시간 중 3/4은 환자를 돌보는 데 사용되지 않는다고 한다. 간호사들의 시간의 3/4 또는 2/3는 전형적인 서류정리에 소모된다. 백화점 판매원의 성과를 분석해보면 그들의 활동시간 중 반은 판매활동, 즉 고객만족에 쓰이지 않는 것을 알 수 있다. 엔지니어는 활동시간의 반을 자신의 과업에 거의 조금도 도움이 안 되는 일, 즉 회의를 하거나 보고서류를 꾸미는 데 소모한다. 이런 것들은 생산성을 파괴할 뿐만 아니라 종업원들의 동기부여와 자존심을 파괴한다.”

피터 드러커(Peter Drucker)는 《자본주의 이후의 사회》에서 회의와 보고 같은 쓸모없는 시간이 아무런 도움이 안 된다고 말하고 있다. 그래서인지 진대제 전 정보통신부 장관은 일상적인 업무보고를 받을 때 1분 이내에 해야 한다는 원칙을 정해두었다고 한다. 현장에 뛰어다니기에도 모자란 시간에 보고서 만들고 읽고 발표할 시간이 어디 있느냐는 것이다. 보고서는 두꺼울수록 ‘있어 보인다’고 생각하는 공무원들의 생각에 혁신을 가져온 사건이었다. 그가 이런 원칙을 세운 데는 실제적인 활동에 보다 많은 시간과 에너지를 투입해서 생산성을 높이자는 취지가 숨어 있었다.

보고서를 만들고 발표하는 일 외에도 직장인들의 생산성을 파괴하고 사기를 떨어뜨리는 중요한 요인이 하나 더 있다. 바로 회의시간이다. 대기업에 다니는 친구의 말을 빌자면 회의시간은 '아무런 관심도 없는 사람들을 모아서 교장선생님의 훈화를 듣는 시간'이다. 그래서 요즘은 능력 있는 상사를 구분하는 기준으로 그가 얼마나 짧게 회의를 끝내는지가 포함된다고 한다.

낭비되는 회의시간

회의시간이 길면 열정이 낭비된다. 전혀 공감가지 않는 일방적인 이야기들을 들어야 하고 자신에게 도움이 될지 안 될지 예측도 불가능한 정보의 홍수 속에서 곤혹스러워해야 한다. 회의를 주재하는 사람들조차 무엇을 알리고 어떤 것을 얻을 것인지 판단하지 못하는 경우도 있다. 심지어 직원 간의 커뮤니케이션과 정보공유가 중요하다고 하니까 마지못해서 회의시간을 만들기도 한다.

회의시간에 말을 하는 사람이 누구인지 살펴보면 그 낭비의 진실을 알 수 있다. 가장 많은 말을 하는 사람은 가장 직급이 높은 사람이다. 그 다음은 그 바로 아래의 직급이다. 가장 높은 사람이 가장 많은 말을 하기 때문에 아래 사람들은 모두 수긍하고 긍정하는 분위기의 답변을 할 수밖에 없다. 회사에서 그렇게 비생산적이라고 말하는 일방적인 의사소통은 대부분 회의시간에 일어난다.

시간 또한 낭비된다. 1시간 회의를 하면 참석한 사람만큼의 숫자가 곱해져서 시간이 낭비된다. 그 시간 동안 자신의 본연의 업무를 했다면 상당한 성과를 냈을 것이다. 상사들은 자신이 회의를 주재하는 시간과 횟수를 기준으로 자기 업무량을 체크하는 버릇이 있다. 그렇지 않으면 상사들의 업무 특성상 자신의 업무량을 측정할 기준이 없기 때문이다. 회의는 그 좋은 기준이며 자기만족의 도구가 된다.

회의시간을 생산적으로 만드는 법

이렇게 낭비되는 회의시간으로 인해 대부분의 직장인들은 괴로워하며 앉아 있다. 어쩔 수 없이 앉아 있으면서도 가끔 화가 치밀곤 할 것이다. 하지만 너무 걱정할 필요 없다. 회의시간을 기획시간으로 이용하면 스트레스 받을 일도 없고 아주 생산적으로 뭔가를 할 수 있기 때문이다.

보통 좋은 아이디어는 아주 조용하게 집중할 수 있는 상태에서 떠오르지 않는다. 우연히 동료들과 대화를 하거나 버스 안에서 음악을 듣거나 TV를 보는 순간과 같은 어느 정도 산만함이 허용되는 시간에 아이디어는 떠오른다. 교육을 받거나 회의를 하는 시간도 약간의 산만함이 허용되는 시간이다. 그때 좋은 아이디어들이 많이 떠오를 수 있다.

회의시간에 누군가 했던 한마디가 갑자기 아이디어로 연결되면서 멋진 기획안 한 페이지를 써내려간 기억이 있는 사람들은 이해할 것이다. 회의시간이 얼마나 두뇌를 활성화시키는지 말이다. 물론 그때 떠오르는 생각은 회의 주제와는 전혀 상관없는 경우가 대부분이다.

좋은 생각이 항상 떠오르는 것은 아니다. 그럴 때는 오늘 할 일을 점검하거나 내일의 계획을 세우는 시간으로 활용하면 좋다. 무엇을 진행했고 그렇지 못했는지를 생각하는 시간을 따로 낼 필요가 없기 때문에 시간도 절약된다. 어차피 앉아 있어야 하는 시간이기에 그런 시간이 더 소중해지고 점검활동이 재미있어진다. 가끔 회의가 좀더 길어졌으면 싶어지기도 한다. 그래서 회의를 할 때는 항상 개인의 일정표와 계획표가 적힌 수첩을 동반하는 것이 좋다.

평소에 하지 못했던 것을 점검해보는 시간으로도 유용하다. 어차피 앉아 있어야 한다면 중요한 일인데도 하지 못했던 일들이 무엇인지 생각해보는 시간으로 이용하는 것이다. 중요하지만 하지 못했던 일들은 의외로 많다. 가족에 대한 배려라든지 잊어버린 약속들도 생각날 수 있다. 일에서 미처 챙기지 못한 중요한 부분이 생각날 수도 있다.

10명 이내의 작은 회의라면 다른 사람들이 모르게 기획안을 짜거나 계획을 점검하는 활동이 불가능할 수도 있다. 그렇다고 시간을 그냥 보내서는 안 된다. 그때는 다른 사람들이 하는 말들을 들으면서 그 말이 어떤 의미가 있으며 자신의 일과 어떤 연관이 있는지를 유심히 생각하도록 한다. 그러다 보면 상대방의 말에서 자신의 비즈니스와 프로젝트에 적용할 수 있는 좋은 아이디어를 얻을 수 있기 때문이다.

회의시간은 기획시간이다

이렇게 다양한 방법으로 회의시간을 활용하는 것은 시간과 열정을 낭비하지 않고 고스란히 자신의 것으로 만드는 방법이다. 또한 아주 큰 위험부담 하나를 줄일 수 있다는 장점도 있다. 그 위험이란 바로 조는 것이다. 회의시간에 가끔 조는 사람들이 있다. 회의를 주재한 사람의 입장에서는 회사일에 관심이 없고 나태한 인간으로 점찍기에 좋은 기회다.

 이기적인 직장인 ■

팀원들을 회의에 소집했는데 그중 한 사람이 졸고 있다고 생각해보자. 팀장의 기분이 어떨까? 물론 소규모의 회의에서는 조는 사람이 드물다. 하지만 수십 명이 모인 전체회의에서는 조는 사람들이 발생하기 마련이다. 회의시간 혹은 교육시간에는 졸지 말고 자신을 재점검하는 시간으로 적극 활용해야 한다.

지식산업사회에서 직장인은 모두 기획자가 되어야 한다. 회사에서의 자기 업무는 물론이고 자신의 꿈과 삶의 모든 부분에서 스스로 기획하고 동기부여하고 실천하고 피드백해서 자신을 만들어가야 한다. 예전처럼 부모님이나 선배가 도맡아서 해주던 시대는 지났다. 그들도 자신의 삶을 기획하지 못해서 곤욕을 치루고 있기에 당신을 돌봐줄 여력이 없다. 스스로 기획자가 되지 않으면 기획의 대상이 된다. 그런 면에서 회의시간은 스스로를 기획하는 최적의 시간이다.

> **회의시간을 기획시간으로 만드는 법**
>
> 1. 다른 사람의 말을 들으면서 자신의 아이디어와 연관시킨다.
>
> 2. 수첩이나 일정표를 점검하며 일과를 정리하고 목표를 생각한다.
>
> 3. 생각이 자유롭게 흐르도록 풀어준다.
>
> 4. 평소에 좋아하는 구절을 외우거나 명언들을 반복해서 적어본다.
>
> 5. 왜 회의는 이렇게 소모적인가에 대해 생각해서 생산적 회의 방법에 대한 글을 써본다.
>
> 6. 회의시간은 꿈의 기획시간이다.

자신만의
포트폴리오 만들기

결과물 정리하기

2년 동안 열심히 노력해서 강의경력도 쌓았고 강의자료들도 제법 모았다. 강사활동을 시작한 후 2년 동안의 결과물들을 출력해서 정리를 했더니 책꽂이 한 줄이 가득 찼다. 그걸 지켜보면서 이런 생각이 들었다.

'제법 노력한 흔적은 있군. 그런데 왜 이렇게 산만한 거지? 그동안 내가 해놓은 걸 한눈에 볼 수 있는 게 없잖아!'

그날 나는 지금까지의 성과를 한눈에 볼 수 있는 무엇인가가 있어야 한다는 사실을 깨달았다. 그래서 지금까지의 결과물들을 정리하는 작업에 들어갔다. 이름하여 '포트폴리오 만들기' 였다.

성취가 성취를 낳는다

우리는 쉽게 지친다. 나름대로의 목표도 세우고 비전도 가지고 행동도 해보지만 번번히 성과 없이 끝나곤 한다. 사실 알고 보면 성과가 없는 것이 아닐텐데 없다고 느껴지는 이유는 그것이 눈에 쉽게 보이지 않기 때문이다. 눈에 보이지 않으니 없다고 생각하고 제풀에 지쳐서 포기하게 된다.

그래서 실행과정에서 끊임없이 성과를 측정하고 스스로 어느 과정에 있으며 어느 정도의 단계에 도달해 있는지를 확인할 수 있는 수단들이 필요하다. 자신의 의지를 다지고 끊임없이 실행하도록 다독이는 최선의 방법은 바로 시각적으로 보여주는 것이다. 지금까지의 성과를 눈으로 확인함으로써 자연스럽게 욕구가 생기고 더 잘하고 싶다는 의지가 불타오른다.

인간은 눈으로 보는 것에 커다란 자극을 받는 동물이다. 특히 남자들은 열 번 듣는 것 보다 한 번 보는 것을 더 신뢰한다. 우리는 눈으로 보아야 직성이 풀리는 시각적 동물이다.

"피아노 건반을 두들기는 것보다 더 지루한 일은 없다. 그러나 명성을 날리고 연주활동을 많이 하는 피아니스트일수록 더욱더 열심히 그리고 시간이 나는 대로 매일매일 하루도 빠지지 않고 연습하지 않으면 안 된다. 마찬가지로 유능한 외과의사일수록 더 충실하게, 틈나는 대로, 매일 그리고 매주 봉합술을 연마해야 한다. 피아니스트들은 아주 조금이나마 연주기술을 향상시키기 위해서는 여러 달 동안 건반을 두들겨야 한다. 그리고 나서야 그들은 연습을 통해 향상된 음악적 성과를 얻을 수 있다. 외과의사들도 수술에 필요한 손놀림을 극히 조금이나마 개선하기 위해서는 여러 달 동안 봉합술을 연마해야 한다. 그것이 결국 환자들의 수술 시간을 단축시키고 생명을 살릴 수 있게 한다. 성취가 성취를 낳는다."

피터 드러커는 배우려는 자세가 얼마나 중요한지를 강조하면서 '성취가 성취를 낳는다'고 말하고 있다. 특정한 시간을 들여 노력을 한 후 그 결과를 자신의 눈으로 확인할 수 있게 되면 그것은 곧 성취의 경험으로 이어진다. 그 성취의 경험은 또 다른 의지를 잉태하고 더 큰 성취로 연결된다. 이것이 성취가 성취를 낳는다는 의미이다.

하지만 우리는 성취를 확인하는 방법에 대해서는 문외한이다. 고작해야 상사들의 칭찬 한마디에 울고 웃는 정도다. 그것마저도 업무상의 일과 인간관계에 대한 것이 대부분이다. 자신이 원하는 꿈에 대한 것은 빠져 있다. 꿈을 이루는 길에서 자신의 성취도를 평가하고 피드백할 수 있는 사람은 자기 자신 외에는 없다. 그리고 시각을 통한 확인은 그 과정에서 가장 유용한 수단이다.

성과를 자신에게 보여주자

학습을 했다면 학습의 결과를 눈에 보이도록 남겨라. 업무를 수행했다면 업무의 결과를 당신의 눈으로 확연히 볼 수 있게 남겨라. 교육을 받았다면 교육의 결과를 정리해서 어떻게 적용시켰으며 어떤 결과가 도출되었는지를 남겨라. 그리고 가능하다면 일과 학습과 연구결과물들을 하나의 파일로 정리해서 모아두자. 그것을 펴볼 때마다 새로운 의지가 솟구치게 하자. 자신만의 포트폴리오를 만드는 것이다.

흔히들 포트폴리오라고 하면 투자 리스트나 자신의 능력과 이력을 알리기 위한 노트라고 알고 있을 것이다. 하지만 여기서 말하는 포트폴리오는 그 개념과는 좀 다르다. 자신만의 목표와 비전을 설계하고 그것을 어느 정도 이루어가고 있는지를 확인해가는 축적된 성과의 집약체이자 진행 상황판이다.

아래는 나의 책 읽기 전도사로서의 포트폴리오 목차다.

목표	책 읽기 전도사
비전	거실에 TV 대신 서재를, 지하철 시민의 손에 신문 대신 책을
차별화	솔직함, 글쓰는 책쟁이
분야별 준비상황	1. 쓴 책들과 쓸 책들 2. 개발한 교육 프로그램들 3. 방송 경력 4. 기고 활동 5. 강의 경력 6. 읽어야 할 분야별 주요 도서목록 7. 추천도서 목록 8. 협력자 및 조력자 9. 다른 목표들

이것은 목차다. 제목마다 상세한 결과물과 내용물들이 따로 들어간다. 나는 이런 포트폴리오를 여러 개 가지고 있다. 자기변화 전문가로서의 포트폴리오도 있고 산업교육 전문강사로서의 포트폴리오도 가지고 있다. 여러 개가 합쳐지면 더 큰 인생의 그림이 완성된다.

포트폴리오를 짤 때는 자신의 최종 목표에 맞게 모든 것이 일관성 있게 구성되어야 한다. 그 최종 목표를 잘 보여주는 힘이 있는 비전을 설정하고 달성에 필요한 분야별로 자신의 성과를 보여주도록 한다. 그 다음 목표를 위한 단계를 설정하고 자신이 어느 단계에 필요한 성과를 어느 정도 축적하고 있는지를 한눈에 볼 수 있도록 한다.

무엇보다 이 모든 것이 자신만의 개성과 독창성이 드러나도록 구성되어야 한다. 남들과 차별화되는 부분을 바탕에 깔고 있지 않으면 자기만의 분야를 개척하기 어렵기 때문이다.

포트폴리오의 유용성은 무엇보다 자신의 성과를 눈으로 볼 수 있다는 데 있다. 최종 목표를 위해 자신이 쌓아놓은 축적물들을 한눈으로 볼 수 있다는 것은 희열을 안겨준다. 그 희열이 오늘의 일상을 밀고 가도록 돕는다.

지금 자신만의 포트폴리오를 만들어보자. 급할 필요는 없다. 시간을 두고 목표와 비전을 먼저 만든 후 자신이 중점을 둘 분야를 정하자. 그리고 준비상황을 기록하고 성과들을 한눈에 볼 수 있게 배치해보자. 자신감과 에너지가 그곳으로 모여들 것이다.

자신만의 포트폴리오가 필요한 이유

1. 포트폴리오는 지금까지의 성과를 눈으로 보여준다.

2. 어디로 가야 할지를 알 수 있다.

3. 자신의 길에 대한 확신을 주고 열정을 불어넣는다.

4. 자신의 정체성에 대한 정보를 준다.

5. 무엇이 부족한지 알 수 있게 한다.

하기 싫은 일은
대충한다

대충한 일의 결말

'하기 싫은 일은 대충한다' 는 글을 쓰고 있는데 아내가 방문을 벌컥 열면서 외쳤다.

"설거지 하라고 했더니 이게 뭐야! 밥그릇에 밥풀이 그대로 붙어 있잖아. 하루 이틀도 아니고 사람이 왜 그래. 제대로 하는 게 없어."

"나름대로 한다고 한건데…."

궁색한 변명을 하고 있던 차에 아내가 '하기 싫은 일은 대충하라' 는 글의 제목을 발견하고는 또 이렇게 외쳤다.

"하기 싫은 일은 대충하라고? 딱 그거네. 설거지는 하기 싫은 일이다 이거지. 하기 싫은 일을 대충하면 어떻게 되는지 결말을 내가 알려줄까? 지금 당장 컴퓨터 끄고 나와서 설거지 다시 해. 그게 이 글의 결말이야."

"…."

사소한 것에 목숨 걸지 마라

"현명한 사람은 객관적 현실이 요구하는 것 이상으로 정확성을 추구하지 않는다."

아리스토텔레스의 말이다. 무엇인가를 정확하게 처리하는 것은 훌륭한 일이다. 하지만 항상 그렇지는 않다. 모든 일을 다 정확하고 확실하게 할 수는 없기 때문이다. 일의 성격과 자신의 비전에 따라서 달라질 수 있는 것이다.(여기서 확실히 밝히지만 설거지는 나의 비전에 없다.)

직장인들은 지나치게 일을 섬세하고 확실하게 하려는 경향이 있다. 자신의 일이 아니기 때문이다. 자신의 개인적 문제라면 대충할 것도 회사의 일이기 때문에 잘해야 한다고 생각한다. 그러다 보니 사소한 문제, 하고 싶지 않은 일까지도 목숨 걸고 하는 경우가 많다. 어떤 사람들은 작은 문제를 확실히 하는 것이 회사의 눈에 드는 방법이며 직장생활의 기본이라고 한다. 하지만 그것도 어떤 일이냐에 따라 다르다. 스스로 그 중요도를 결정할 수 있는 눈이 필요하다.

하기 싫은 일을 대충해야 하는 이유

하기 싫은 일은 대충해야 한다. 그 가장 중요한 이유는 하기 싫은 일은 성과가 없기 때문이다. 하기 싫은 일의 대부분은 자신의 재능이나 관심사와는 거리가 먼 것들이다. 재능이 없는 일은 발전이 더디다. 성장이 느리니 성과가 부족하고 '차이'를 만들기 어렵다. 다른 사람과 차별화할 수 있는 눈에 보이는 성과와 문제해결 능력을 보여주지 못한다. 이렇게 하기 싫은 일에 몰두하는 것은 어떤 일이 나에게 적합한지 않은지에

대해 감을 제공해줄지는 모르지만 자신이 기대하고 있는 발전을 가져다
주지는 못한다.

자신의 것이 아닌 일은 발전도 더디고 시간도 많이 걸린다. 시간은 소
중한 자원이다. 보다 많은 것들을 할 수 있는 시간에 엉뚱한 곳에서 시
간을 낭비해서는 안 된다. 적당한 선에서 마무리할 필요가 있다.

내키지 않는 일에 집중하려고 애를 쓰는 것은 회사생활의 재미를 떨
어뜨린다. 잘해보고 싶은 마음은 이해가 가지만 하고 싶지 않은 일을 잘
하려는 것은 당신을 괴롭히는 일이 될 뿐이다. 자기 스스로를 괴롭히면
서 끝내 '나는 왜 최선을 다하고 사는데 성공하지 못하냐'고 한탄하는
경우가 이에 해당된다.

회사나 권위 있는 사람에게 순응하게 되는 것은 그런 습성이 몸에 붙
어 있기 때문이다. 순응은 습관이다. 자신에게 얼마나 중요한 일인지,
꼭 해야만 하는 일인지에 대해서 판단해보지 않고 시키는 일이라면 뭐
든 열심히 하겠다는 생각은 독립적인 사람의 자세가 아니다. 만약 권위
에 눌려 시키는 것들을 모조리 열심히 한다면 다른 사람들의 사랑을 받
을 수 있을지도 모른다. 하지만 언젠가 스스로를 사랑하지 않는 자신을
발견하게 될 것이다. 다른 사람들에게 호감을 얻기 위해 자신을 잃는 과
오를 범해서는 안 된다.

비난받지 않을 정도에서 끝낸다

《피터의 원리》의 저자 로렌스 피터(Laurence J. Peter) 교수는 이렇게 주장
한다.

“우리가 흔히 볼 수 있는 무능력은 승진에 걸림돌이 되는 정도이지 해고로까지 이어지지는 않는다. 하지만 지나치게 유능하면 해고되기 십상이다. 왜냐하면 지나치게 유능한 사람은 위계질서를 어지럽히고, ‘위계조직은 반드시 유지되어야 한다’는 계층구조의 첫 번째 계율을 위협하기 때문이다.”

때로는 대충하는 것보다도 탁월한 능력을 보여서 지나치게 유능하다는 인식을 주는 것이 더 위험한 법이다. 한 여론조사에서 ‘부하직원들이 언제 가장 무섭게 느껴지는가’라는 설문을 했다. 가장 많이 나온 응답은 ‘탁월한 업무능력을 보일 때’였다. 상사들도 탁월한 부하를 두려워한다. 오히려 부족함만 못한 경우가 생기는 것이다.

시킨 일을 대충 끝낸 후에는 상사로부터 핀잔을 들을 수도 있다. 하지만 걱정할 필요가 없다. 덕분에 다음번에는 그런 종류의 일은 아예 시키지 않을 것이다. 어떤 분야에서 부족한 모습을 보여준 후에야 우리는 그것에서 자유롭게 된다. 한 번만 대충하면 다음부터는 그런 종류의 일은 하지 않아도 된다. 시키지 않기 때문이다. 대신 다른 영역에서 좋은 인상을 주면 된다.

그래서 하기 싫은 일은 비난받지 않을 정도의 선에서 끝내는 것이 좋다. 상대방이 약간의 실망을 느낄 수는 있을 테지만 그는 곧 잊어버린다. 그리고 이런 종류의 일은 이 친구에게는 맞지 않는 것 같다는 생각을 하며 자기 스스로 상황을 마무리한다.

인생에서 가장 중요한 것이 무엇인지, 대충해야 할 것이 무엇인지 스스로 생각해두지 않으면 다른 사람들이 그것을 정해준다. 바로 그 순간부터 당신은 목표와 자유에 대한 꿈으로부터 멀어진다.

설거지는 대충 해도 된다. 하지만 전문가가 되고자 하는 일은 정확히, 확실히 해야 한다. 시인 로버트 브라우닝(Robert Browning)의 말처럼 '인생을 발전시키는 것은 우리가 하고 있는 일이 아니라 우리가 하고자 하는 일' 이기 때문이다.

하기 싫은 일을 대충하는 법

1. 비난받지 않을 정도의 선에서 끝낸다.

2. 상대방이 약간 실망해도 괜찮다고 생각한다.

3. 모든 사람들에게 좋은 인상을 남겨야겠다는 생각을 버린다.

4. 하기 싫은 일은 대충 빨리 끝내고 중요한 일을 차분하게 시작한다.

5. 지금 자신의 상황에서 가장 중요하고 집중해야 할 것이 무엇인지 명확히 정한다.

전문가의
학습지도를 가져라

장기적 관점이 차이를 만든다

참고 견디는 힘

어떤 사람은 1시간도 책을 읽지 못하고 포기하고, 또 어떤 사람은 한 번 책을 잡으면 놓지 않는다. 어떤 사람은 아침에 눈을 뜨자마자 운동화를 신고 달리기를 하고, 또 어떤 사람은 자명종을 끄고 다시 이불을 뒤집어쓴다. 어떤 사람은 퇴근하자마자 새로운 것을 배우기 위해 학원으로 달려가고, 또 어떤 사람은 퇴근하자마자 친구를 불러내 술자리를 만든다.

그들의 차이는 무엇일까? 왜 그들은 귀찮고 불편한 일을 하고 있는 것일까? 현재의 힘든 일을 참고 견디는 힘과 인내심은 어디에서 오는 것일까?

멀리 보면 멀미를 하지 않는다

하버드대학의 에드워드 밴필드(Edward Banfield) 교수는 '시간전망(Time Perspective)'이라는 개념으로 이 차이를 설명한다. 시간전망이란 자신의 미래에 대해서 어느 정도의 시간까지 고려하고 있는지에 대한 감각을 의미한다. 그는 개인의 경제적 성공에 기여하는 다양한 요인들을 조사하고 연구한 결과 다른 어떤 요인들보다도 우선시되는 요인이 '시간전망'이라는 결론을 내렸다. 그리고 '시간전망은 사회적으로 성공한 사람일수록 길다'는 것을 밝혀냈다.

사람은 단기적인 희생이 장기적인 목표 성취를 가져올 것이라는 믿음이 있기 때문에 지금의 어려움을 참고 이겨내며 필요한 행동을 하게 된다. 지금 힘들지만 책을 읽는 행동이 언젠가는 발전으로 이어질 것이라는 사실을 믿고 있기 때문에 책을 계속 읽게 된다. 아침의 운동이 자신을 건강하게 해줄 것이라는 믿음이 아침마다 일어나 운동화를 신고 달리게 한다. 이런 장기적 믿음이 없다면 지금의 작은 행동에서조차 자신을 동기부여하기 어렵다. 동기는 장기적으로 나에게 혜택이 될 것이라는 믿음에서 시작된다.

성공하는 사람들과 그렇지 못한 사람들의 차이는 이런 장기적 시각과 그것에 대한 믿음에 기인한다. 이른바 '마시멜로 실험'의 결과도 같다. 지금의 순간적 욕구충족을 참고 장기적인 관점에서 꼭 필요한 행동을 할 수 있다면 성취는 자연히 뒤따라온다. 원하는 대학에 가기 위해서는 지금 밤늦게까지 공부해야 한다는 사실을 아는 수험생이 목표를 성취하게 되는 것과 같다.

하지만 대다수의 직장인들은 단기적인 시각을 갖고 있다. 1년 후 자신의 모습도 상상하지 못한다. 현재의 어려움이 너무 크게 부각되기 때문에 장기적 안목을 가지는 데 익숙하지 못한 탓이다. 단기적 시각은 직장과 일에 대한 불만족을 증폭시킨다. 장기적인 목표와 현재의 일이 서로 상관관계를 가진다는 인식이 없기 때문에 현재에서 가능성을 발견하지 못한다. 그 결과 돈을 벌기 위해서 어쩔 수 없이 일을 해야 하는 상황이 펼쳐진다. 지금의 일에서 미래의 성취와 연관성을 발견해내는 눈을 상실하고 무의미한 이직을 반복한다. 언제까지 인내해야 할지 알지 못한다면 지금 당장 그만 포기하고 싶어지는 것이 당연하다.

"배를 탔을 때, 보통 사람들은 눈앞을 보기 때문에 멀미를 합니다. 몇백 킬로미터 앞을 보십시오. 바다는 기름을 제거한 것처럼 평온합니다. 저는 그런 장소에 서서 오늘을 지켜보고 사업을 하고 있기 때문에 미래에 대해 전혀 걱정하지 않습니다."

일본의 IT회사 소프트뱅크 손정의 회장의 말이다. 인생이라는 항해에서 멀리 자신의 목표를 바라보고 있는 사람은 지금의 어려움을 참고 이겨낼 수 있다. 지금의 어려움이 자신을 목적지로 데려다 줄 것을 믿기 때문이다.

5년 후 당신의 모습을 상상하라

지금 5년 후, 10년 후의 당신의 모습을 상상해보자. 상상할 수 없다면 이 책을 읽는 것도 큰 의미가 없을지 모른다. 성취하는 사람들의 시간전망은 장기적이다. 10년, 20년 후 자신의 모습을 상상하고 그려낸다. 그 장기적 전망을 토대로 삶을 개척하고 지금 필요한 행동을 한다.

공짜는 새장 안에만 있다는 말이 있다. 그것에 필요한 행동을 하지 않는 한 원하는 결과를 얻을 수 없는 법이다. 장기적 시각을 갖지 못한 사람들은 장기간의 목표를 위해 요구되는 행동이 귀찮고 불편해서 지속하지 못한다. 대신 단기간에 승부를 볼 수 있는 로또, 주식 같은 한방에 집착한다. 장기적 시각이 결여된 사람들이 선택할 수 있는 것은 이런 단기적 대안들뿐이다. 하지만 단기적 대안들이 당신에게 줄 수 있는 것이란 아무것도 없다.

상상하지 못한다면 이룰 수 없다. 당신이 5년 후 당신의 모습을 상상할 수 없다면 당신은 결코 그 모습일 수 없다. 상상하지 못하는 것을 어떻게 이루겠는가? 사람은 자신이 마음에 그린 그림을 완성하려고 하는 경향이 있다. 그림을 어떻게 그리느냐에 따라 마음이 따라간다. 성취하는 사람들의 공통된 습관은 모두 상상하는 목표가 있고 그 목표를 그릴 수 있으며 그에 필요한 행동을 매일 반복해서 해나간다는 것이다.

오늘은 인생의 한 점이다

인생이라는 긴 시간에서 오늘은 하나의 점에 불과하다. 그러나 그 점들이 모여서 인생의 큰 직선이 그려진다. 그리고 그 점들이 어느 방향을 향해 있느냐가 인생의 목적지가 된다. 당신이 장기적인 시각으로 목표를 가지고 있다면 하루라는 점들은 그 목표를 향한 화살표 위에 위치하게 된다. 그러나 목표를 잃어버리게 되면 하루는 방향을 잃고 이리저리 흩어져 찍히게 된다.

자신의 진정한 목표를 달성하기 위해서는 하루를 그것을 위해 필요한

행동으로 채워야 한다. 그때 하루의 점은 목표 달성을 위해 필요한 선상
에 놓인다. 이런 하루의 점들이 반복해서 찍히게 될 때 우리는 점점 우
리가 원하는 목표에 가까이 갈 수 있다. 그러자면 장기적 시각이 필수적
이다. 장기적 시간전망을 갖고 오늘 하루의 점을 필요한 곳에 찍어보자.

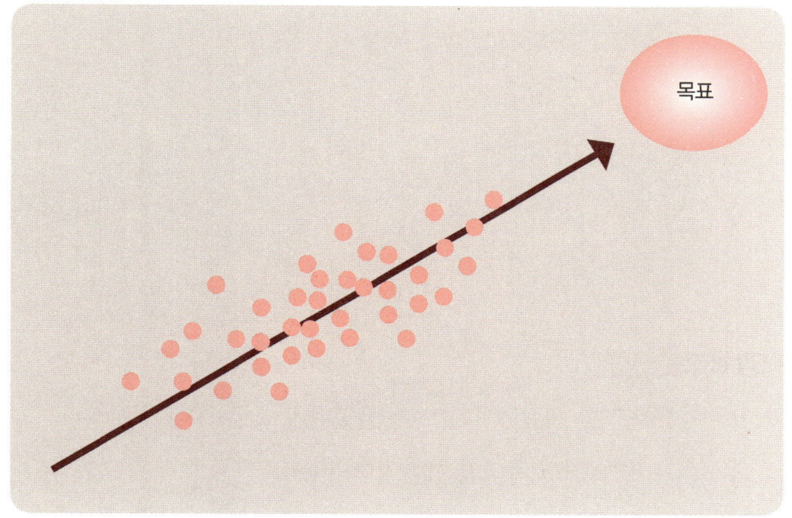

무엇을 배워야 하는지를 배운다

현명해지는 방법

한 사나이가 현명한 사람에게 찾아가 물었다.

"당신은 어떻게 해서 현명한 사람이 되셨나요?"

현명한 사람이 대답했다.

"글쎄요. 식용유보다 등유에 더 많은 돈을 썼더니 현인이라 부르더군요."

무엇을 배워야 할까?

의미 없는 직장생활에서 독립하여 괜찮은 전문가로서의 삶을 만들고 싶었는데 무엇부터 해야 할지 몰랐다. 강사 일을 시작하면서는 무엇부터 배워야 제대로 된 강의를 할 수 있을지 알지 못했다. 글도 쓰고 싶었고 책도 내고 싶었는데 무엇을 배워야 할지 몰랐다. 이런저런 책도 보고 인터넷자료도 찾고 사람들도 만나서 물어보곤 했다. 하지만 답은 쉽게 찾아지지 않았다. 그래도 이런저런 다양한 준비활동을 통해서 알게 된 것이 있다. 그것은 바로 무엇을 배워야 할지를 배워야 한다는 것이다.

무엇을 배워야 할지를 배울 수만 있다면 배우는 것 자체는 크게 어렵지 않다. 무엇을 배워야 할지 아는 것이 훨씬 어렵기 때문이다. 무엇을 배워야 하는지만 알 수 있다면 그 다음은 순수한 노력의 문제일 뿐이다. 하지만 그것을 찾아내는 것은 영감의 문제다.

원하는 것을 얻는 세 가지 방법

자신이 원하는 것에 도달하는 방법에는 크게 세 가지가 있다. 첫째는 우연에 기대는 것이다. 로또복권 같은 대박을 기다리는 것이다. 하지만 그런 우연한 성공은 거의 일어나지 않는다. 나는 이것을 '무협지모델'이라고 부른다. 무협지의 주인공은 온갖 고난을 겪게 되지만 우연히도 그 고난을 해쳐나갈 기연(奇緣)들을 얻게 된다. 위기에 처하면 결정적인 순간 도와주는 사람이 생기거나 캄캄한 굴속에 혼자 갇혀도 무협최강 고수의 비서(秘書)를 손에 얻어 초절정고수가 되어 탈출한다. 하지만 이런 기연은 현실 속에서는 일어나지 않는다. 혹 찾아온다 해도 그것을 받아들일 그릇이 못 되는 사람에게는 대박이 아니라 '피박'으로 끝나고는 한다.

둘째는 행동을 통해서 도달하는 것이다. 몸으로 모든 것을 해결하고 실패와 성공의 반복을 통해 결국 자신이 원하는 종착지에 도달하게 된다. 이것은 '막노동모델'이다. 일정한 방향성이 결여되어 행동을 통해 아픔을 겪어야만 방향을 찾을 수 있다. 이런 아픔을 반복하여 오랜 시간을 거친 후 목표에 도달하게 된다.

셋째는 학습을 통해 도달하는 것이다. 앞선 사람들의 발자취를 살펴보고 현재를 진단하고 미래를 점치면서 자신의 강점이라는 기초 위에서 무엇을 배울지를 먼저 결정한다. 그리고 배움이 어떤 결과를 낳을 것이라는 확신을 갖고 자신을 학습 공간으로 몰아넣는다. 이른바 '지식모델'이다. 생산성 면에서 첫 번째나 두 번째 모델과는 비교가 되지 않는다. 시행착오가 적고 결과가 누적된다. 그리고 무엇보다 무엇을 배워야 하는지 빨리 알 수 있다.

길은 가면서 만들어진다

처음 강의를 시작하면서 리더십 분야에 관심이 많이 갔다. 우리 사회에 아직도 남아 있는 권위주의적 리더십을 뿌리 뽑고 싶었고 무엇보다 회사의 발전을 가로막고 젊은 인재들 앞에서 발전을 저해하는 구태의연한 관리자들에게 쓴소리를 해주고 싶었다.

그래서 대학원에서도 리더십을 전공했다. 리더십 전문가가 되겠다는 목적도 있었다. 하지만 그렇게 리더십에 대해서 공부를 하고 자료를 모으고 사례들을 발굴해나가면서 나는 점점 다른 방향으로 변해가고 있었다. 리더십 전문가가 아니라 자신의 마음과 태도에 대한 전문가가 되고 있었던 것이다.

리더십을 공부하다보면 자연스럽게 동기부여에 관심을 갖게 된다. 리더에게는 동기부여 능력이 핵심이기 때문이다. 동기부여에 관심을 갖고 살피다보면 자연스럽게 사람이 언제 욕구가 생기고 열정이 싹트는지를 알 수 있다. 무엇보다 자신이 언제 동기부여되는지를 알아야 하기 때문에 자신에 대해 아주 잘 알 수 있는 기회가 생긴다.

나도 덕분에 내가 언제 욕구가 생기고 언제 동기부여되며 어떤 때 행동에 적극성을 띠는지를 알게 되었다. 리더십 전문가가 아니라 자신의 변화에 대한 전문가가 된 것이다. 그리고 나의 경험과 다른 사람들이 가진 공통점들을 연구하게 되었고 그것이 강의의 주요 바탕이 되었다.

이런 경험을 통해서 나는 강의를 잘하기 위해서 배워야 할 것은 바로 자기 자신을 분석하고 객관화시킬 수 있는 능력이라는 사실을 깨달았다. 자신의 경험과 지식을 이용할 수 없다면 다른 사람을 감동시킬 수 없다. 가장 좋은 강의소재는 나 자신이며 가장 좋은 사례는 내 몸과 경험 속에 내재해 있었다.

무엇을 배울지를 배우는 4가지 방법

무슨 일을 하든 그 일에서 요구하는 핵심이 있다. 핵심이 무엇인지를 알 수 있다면 일 배우기가 훨씬 수월해진다. 리더십의 핵심이 무엇인지, 자기변화의 핵심이 무엇인지, 좋은 습관을 만드는 핵심이 무엇인지, 직장생활에서 생존의 핵심이 무엇인지, 행복한 가족을 위한 핵심이 무엇인지 알 수 있다면 그에 접근하는 방법이 아주 수월해질 것이다.

그래서 무엇을 하기 전에 그 일에서 요구되는 핵심이 무엇인지 먼저 살펴보는 것이 필요하다. 자신이 원하는 분야에서 필요로 하는 핵심지식은 무엇일까? 그것을 아는 것이 기본이고 중핵이다. 원하는 분야에서 전문가가 되고 싶은 사람이라면 무엇을 배워야 하는지부터 알아보는 시간을 가져야 한다. 알아내는 시간의 차이가 성취를 좌우할 수 있다. 무엇을 배울지를 배우는 네 가지 방법은 다음과 같다.

첫째, 자신의 역할모델을 정해서 답을 구한다. 그가 쓴 책, 강의, 이메일 등을 통해 그가 무엇부터 배웠는지를 알아본다. 그러자면 그를 완전히 해부해야 한다.

둘째, 다른 분야의 성공사례들을 연구한다. 분야는 다르지만 무엇을 배워야 할지 유추해낼 수 있고 좋은 아이디어도 얻을 수 있다.

셋째, 주변사람들에게 자문하고 다양한 피드백을 받는다. 묻고, 묻고 또 묻다보면 언젠가는 답이 나오는 법이다. 이 답은 내가 주는 경우도 있고 다른 사람이 주는 경우도 있다. 우연히 다른 사람들이 던진 말에서 답이 나오기도 한다.

넷째, 이런 활동들과 함께 자신에게 필요한 학습행동을 계속해나간다. 행동하지 않으면 영감도 오지 않는다. 경험에서만 배우는 것은 바보 같은 짓이지만 학습과 함께 행동하는 것은 현명한 일이다.

학습모임의 힘을 이용한다

혼자는 더디다

나는 철저히 혼자였다. 평범한 직장인에서 자기변화 전문가로 성장하는 과정에서 나에게 직접적인 도움을 줄 수 있는 사람이 없었다. 전문가를 만나고, 책을 읽고, 자료를 모으고, 열정을 관리하는 이런 모든 활동을 혼자 해나갔다. 지금 생각해보면 우둔했던 것 같다. 주위를 조금만 둘러보면 이런 방법들을 같이 연구할 수 있는 비슷한 고민을 가진 사람들로부터 많은 도움을 받았을 텐데 하는 아쉬움이 남는다.

학습모임의 이점들

대부분 자기계발을 위한 학습은 혼자 하는 경향이 있다. 하지만 효과성을 높이기 위해서는 함께하는 학습이 필수적이다. 스터디그룹을 조직하라는 말이 아니다. 이미 적절한 학습조직은 사내든 사외든 얼마든지 있다. 그런 조직을 찾아가라. 새롭게 만드는 것은 너무 많은 에너지를 필요로 한다. 기존의 괜찮은 곳을 찾아가는 편이 빠르다.

학습모임에 참가하게 되면 얻을 수 있는 장점이 많다. 가장 먼저 필요한 지식을 얻는 데 도움을 얻을 수 있다. 같이 학습하기 때문에 내가 생각하지 못했던 다양한 각도의 시선들을 배울 수 있다. 그런 것들이 교차하면서 지식의 깊이가 깊어지고 생각의 수준도 높아지게 된다.

같이 학습을 하기 때문에 도중에 포기하거나 중단하는 위험을 줄일 수 있다. 포기하려는 생각이 들 때 열심히 하고 있는 사람들을 지켜보면 '나도 해야 한다'는 위기감이 생기고 자신을 동기부여 할 수 있게 된다. 학습모임에 참가하는 사람들은 대부분 성취 동기가 아주 강한 사람들이다. 자신의 분야에서 일가를 이루기 위해 노력하고 끊임없이 성장하려는 욕구를 가진 사람들이다. 이런 사람들과 함께 있다는 것만으로도 큰 에너지를 얻을 수 있고, 그들에게 배울 것 또한 엄청나게 많다는 사실에 놀라게 될 것이다.

이들과의 교류는 인맥 형성의 측면에서도 긍정적이다. 각자가 모두 다른 분야에서 활동하고 있기 때문에 시너지효과도 생긴다. 같은 분야에서 일하는 사람들이 모이면 공부하기는 좋지만 새로운 비즈니스 결합은 발생하지 않는다. 서로가 잠재적 경쟁자이기 때문이다. 하지만 서로 다른 분야의 전문가들이 모이면 상황이 달라진다. 서로의 이해가 같기 때문에 결합이 쉽고 영역이 교차하는 부분에서 상호보완적인 비즈니스 효과도 기대할 수 있다. 학습모임을 통해서 아이디어를 얻어 중요한 프로젝트를 성공시킨 사람들도 자주 볼 수 있다.

이것이 사외 학습모임에 참가하는 최대 장점이다. 비즈니스로 연결되는 기회를 얻는 것은 쉬운 일이 아니다. 게다가 설령 비즈니스 기회를 얻지 못한다 할지라도 사내에 있는 동료들이 알지 못하는 것을 배울 수 있기 때문에 사내에서 자신의 입지를 높이는 데 큰 도움이 될 수 있다. 상사가 당신이 어디서 그런 좋은 관점을 배우고 아이디어를 가져오는지 궁금해 한다면 당신은 충분히 성공한 것이다.

외부 학습모임의 좋은 점은 역시 다양한 사람들의 이야기를 들어볼 수 있다는 것이다. 우리는 다른 사람들의 선례를 통해 무엇을 어떻게 배울 것인지에 대해서 학습할 수 있다. 무엇을 배워야 할지 모르는 사람에게는 무엇을 배워야 할지 생각할 계기를 만들어주고, 어떻게 배워야 할지 모르는 사람에게는 서로의 노하우를 풀어서 가르쳐준다. 학습공동체는 전혀 손해볼 것이 없는 긍정적 결과를 줄 것이다.

예전에 사람들은 백화점에 갈 때 무엇을 살지 미리 결정한 후 리스트를 적어서 갔다. 지금 사람들은 무엇을 살지 결정하고 가는 것이 아니라 무엇을 살지 알아보기 위해서 쇼핑을 나간다. 그만큼 새로운 상품이 단기간에 쏟아지기 때문이다. 지식과 정보도 마찬가지다. 지식과 정보의 수명은 짧아지고 있다. 무엇을 배우고 무엇을 얻어야 하는지 먼저 알아보기 위해서라도 학습하는 다른 사람들의 이야기를 들어보는 것은 중요하다.

학습모임에 재미를 붙인 사람들 중에는 서너 개의 학습조직에 참가하는 사람들도 있다. 자신의 전문분야에 관한 모임이 하나이고, 책을 읽는 독서모임이 또 하나 있으며, 국내명강사들의 특강을 진행하는 모임에도 참석한다. 그러다 보니 몸이 여러 개라도 모자랄 판이다. 하지만 그들은

'공부가 이렇게 재미있는 것인 줄 진작 알았어야 하는데…' 라는 말로 오히려 자신의 상황을 자랑스러워한다.

당신의 인생은 주위 사람들에 의해 결정된다

학습모임에서 수년째 활동하고 있는 지인에게 학습모임에서 무엇을 얻었는지를 물었더니 이런 대답을 들을 수 있었다.

먼저, 사물을 다양한 관점에서 바라볼 수 있게 되었고, 다른 사람들의 다양성을 인정할 수 있게 되었다고 한다. 또한 독서를 통해 스트레스가 적어지고 긍정적인 생각이 확대되었다. 자신에 대해서 더 많이 알게 되었고 이를 통해 진정으로 원하는 것이 무엇인지 알게됨으로써 목표를 설정하고 매진할 수 있게 되었다고 말한다. 무엇보다 멘토가 된 많은 사람들을 알게 되었고 이들을 통해 긍정적 에너지를 얻는다고 한다.

인간은 준거집단에 의해 95%의 성패가 좌우된다고 한다. 주위에 어떤 사람들이 포진하고 있느냐에 따라서 성공과 실패가 갈라진다는 뜻이다. 멋진 사람과 결혼하고 싶다면 멋진 사람들이 있는 곳으로 가야 한다. 좋은 에너지를 받고 생을 힘차게 살고 싶다면 긍정적인 에너지가 넘치는 사람들 속으로 들어가야 한다. 전문가가 되고 싶다면 전문가 속으로 들어가야 하고, 즐거운 사람이 되고 싶으면 웃음이 많은 사람들 속으로 들어가야 한다. 우리는 만나는 사람들에 의해 만들어지기 때문이다.

지금 원하는 분야에서 어떤 학습모임이 활동 중인지 리스트를 점검하자. 그리고 자신의 가치관과 활동에 적합한 모임을 골라 함께하도록 하자. 그들과 함께 당신의 인생도 깊어진다.

1. 열정과 에너지를 얻는다.

2. 시야를 넓혀준다.

3. 포기하지 않도록 돕는다.

4. 효과적인 인적 네트워크가 된다.

5. 스트레스를 줄여준다.

6. 무엇을 해야 할지 알려준다.

7. 지식을 키워준다.

가장 느린 것이
성취를 결정한다

생각과 행동

한 랍비가 제자와 저녁식사를 하면서 우선 기도문을 외우라는 주문을 했는데 제자는 기도문은커녕 자신이 가르친 내용마저도 거의 외우지를 못했다. 실망한 랍비가 제자를 꾸짖으며 공부할 것을 독려하고는 돌려보냈다.

며칠 뒤 랍비는 우연히 그 제자에 대한 소문을 들었다. 그는 환자를 돌봐주고 가난한 사람들에게 갖은 선행을 베풀고 있었다. 순간 부끄러운 생각이 든 랍비는 제자들을 불러 모아서 이렇게 말했다.

"사람의 마음속에 있는 생각은 행동으로 나타나게 되어 있다. 하지만 몇 만 권의 책을 읽어서 많은 지식을 갖고 있다 해도 마음을 경작하지 않는다면 단지 알고 있는 것에 불과할 뿐이다. 행동하는 것이 중요하다."

변화의 속도

앨빈 토플러(Alvin Toffler)는 그의 최근작 《부의 미래》에서 미국사회를 구성하고 있는 조직들의 변화와 발전의 속도에 대해서 언급했다. 그의 분석에 의하면 가장 빠른 속도로 달리고 있는 조직은 기업이며, 가장 느리게 변화하고 발전하는 분야는 법이었다. 자세히 살펴보면 아래와 같다.

시속 100마일 : 기업

시속 90마일 : 시민단체

시속 60마일 : 가족

시속 30마일 : 노동조합

시속 25마일 : 정부기구

시속 10마일 : 학교

시속 5마일 : 국제기구

시속 3마일 : 정치조직

시속 1마일 : 법

당신의 변화속도

미국사회를 분석한 자료이긴 하지만 우리사회 또한 그의 분석에서 크게 벗어나지 않을 것 같다. 자신의 조직이 속해 있는 위치는 어디쯤인지 생각해보는 것도 재미있을 것이다. 《부의 미래》를 읽으면서 이런 생각이 들었다. '저런 변화의 흐름 속에서 나는 과연 몇 마일의 속도로 달리고 있는가?' 잠시 생각하는 시간을 가져보자. 자신은 몇 마일로 달리고 있는지.

이번에는 이것을 우리 자신에게 적용시켜서 살펴보자. 지식사회를 살아가는 개인에게 중요한 역량 중의 하나는 지식과 정보를 습득하고 사용할 수 있는 능력이다. 그리고 조직생활에서의 팀워크를 높여주고 생존에 중요한 영향을 미치는 인간관계 능력도 중요하다. 그런 의미에서 자신의 지식정보력과 인간관계 능력은 몇 마일의 속도인지 살펴보는 것도 큰 의미가 있을 것이다. 자신의 두 능력을 앞의 그림에 표시해보자.

사람은 생각의 속도와 행동의 속도가 다르다. 생각은 활발하지만 행동에는 둔한 경우가 많다. 하지만 사람들은 행동의 속도가 생각의 속도와 같다고 착각하곤 한다. 그래서 자신의 생각은 몇 마일로 달리고 있으며 행동은 몇 마일을 유지하고 있는지 측정해볼 필요가 있다.

보통 사람들의 생각의 속도는 거의 100마일에 가깝다. 부모님께 전화를 드리는 일도, 자신의 꿈과 목표에 따라서 필요한 행동을 하는 일도, 습관처럼 된 담배를 끊는 일도 생각으로는 모두 해낼 수 있다. 하지만 실제로 생각한 것을 행동으로 옮기는 사람은 그렇게 많지 않다. 생각은 이미 멀리 달려가고 있지만 행동은 뒤처져 있는 경우가 대부분이다. 행동의 속도가 생각의 속도를 따라가지 못하는 것이다.

사람들에게 '당신의 지식정브력 어느 정도라고 생각합니까?' 라는 질문을 던지면 대부분 30마일 전후라는 대답이 많이 나온다. 이런 질문을 스스로에게 던져본 적이 없어서 당황하는 사람들도 많다. 재미있는 것은 인간관계 능력의 경우 사람에 따라 큰 차이를 보인다는 것이다. 100마일이라고 답변하는 사람부터 마이너스 속도라고 말하는 사람까지 있다. 사람과의 관계에 자신 있는 사람과 어려움을 겪는 사람이 극단적으로 나누어진다는 증거일 것이다.

가장 느린 것이 성취 정도를 결정한다

생각이 100마일로 달리고 있다는 것은 좋은 일이다. 하지만 그것만으로는 아무 소용이 없다. 생각을 현실화하는 행동이 뒤따르지 못하고 있기 때문이다. 마찬가지로 인간관계 능력이 90마일로 빠르게 달리고 있다고 해도 소용이 없다. 가장 느린 것이 그 사람의 발전 속도를 결정하기 때문이다. 아무리 훌륭한 생각을 하고 좋은 아이디어를 가졌다하더라도 그것을 실행하는 데 필요한 행동은 반드시 해야 한다. 우리들 대부분은 가장 느린 행동의 속도에 의해서 발전 속도가 좌우된다.

반대로 행동을 아무리 빠르고 많은 경험이 있다 해도 그 경험에서 교훈과 지혜를 얻어내지 못한다면 성취할 수 있는 것이 없다. 인간관계 능력이 아무리 좋아도 제대로 알고 있는 지식과 정보가 없다면 빛 좋은 개살구일 뿐이다. 사이드브레이크를 당겨놓고 액셀러레이터를 밟는 것과 같다. 앞으로 나아가기 위해서는 브레이크를 풀어놓는 것과 액셀러레이터을 밟는 것, 두 가지 행동이 모두 필요하다.

앨빈 토플러가 조직들의 속도를 분석하고 정리한 이유 역시 여기에 있다. 기업이 100마일로 달리는 것은 훌륭한 일이지만 전체 사회의 발전이라는 측면에서 생각해보면 별 의미가 없을 수 있다. 법이 1마일로 달리고 있기 때문이다. 기업과 법의 발전 속도가 달라서 갈등을 빚는 한 그 사회의 발전은 한계에 부딪힌다. 차라리 기업이 50마일로 달리고 법이나 기타의 부문들이 50마일과 비슷한 속도로 변화하고 발전하는 것이 더 좋다.

가정에서도 마찬가지다. 경제력이 100마일로 달리고 있다고 해도 가족 간의 배려나 애정이 그것을 따라가지 못한다면 경제력은 행복으로 이어지지 못한다. 반대로 비록 애정도가 높다 해도 기본적인 경제력이 바닥에 머무르게 되면 신뢰에 금이 갈 수 있다. 상대방을 사랑하는 만큼 경제적인 노력들도 뒤따라야 한다.

가장 느린 것이 성취정도를 결정한다. 자신에게 가장 느린 것은 무엇인가? 그것을 적극적으로 개발하고 보완할 필요가 있다. 행동이 없는 사람은 행동중심으로 변화해야 하고 지식정보력이 부족한 사람은 학습과 정보수집을 게을리 해서는 안 된다.

영과이후진(盈科而後進)이라 했다. 물은 웅덩이를 다 채운 후 앞으로 나아간다는 말이다. 자신에게 부족한 부분을 그대로 둔 채 한쪽 목발에 의존해서 가다가는 멀리 못 가서 넘어지게 된다. 성급함은 불완전한 성공을 낳고 삶을 위험에 빠뜨린다.

05

변명하는
습관 버리기

너 때문이야

자신이 직접 인터넷으로 세금신고를 하겠다며 나섰던 아내가 갑자기 공격적으로 변했다.

"애들 좀 재워! 도와주지는 못할 망정 뭐 하는 거야!"

사람이 뭔가 집중을 하고 있는 상황에서 그것도 화를 내고 있다면 건드리지 않는 것이 최상책이다.

일이 끝난 후 내가 말했다.

"세상에 제일 못난 사람이 누군지 알아?"

"누군데?"

"자기 일이 마음대로 안 된다고 다른 사람들한테 화풀이 하는 사람이야."

"무슨 말이야? 내가 그렇다고?"

"스스로 만든 스트레스 때문에 남을 공격하는 것은 자기 자신이 스트레스가 되는 가장 좋은 방법이지."

직장인은 석 달에 한 번 사표를 쓴다

스트레스에는 두 가지 종류가 있다. 하나는 자신의 외부에서 기인한 것이고, 다른 하나는 내면에서 기인한 것이다. 실적에 대한 압력이나 상사의 불합리한 대우 같은 것은 외부에서 기인했을 가능성이 높다. 반면 자기 스스로 정한 목표를 달성하지 못했거나 자신감 부족으로 인한 심리적 불안 같은 것은 내부에서 기인한 것이다. 문제는 대부분의 직장인들이 외부적인 스트레스에만 초점을 맞추고 있다는 것이다. 그렇기 때문에 그 해결책도 외부에 초점을 맞춰 찾게 된다.

불행히도 이런 관점을 가진 사람들은 대부분 회사생활에 제대로 적응하지 못하고 자기 삶의 핵심에 다가가지 못한다. 이유는 간단하다. 외부에서 기인한 스트레스의 대부분은 내부적인 문제를 소홀히 다루었거나 문제에 직면하는 것이 두려워 도피한 결과이기 때문이다.

자신이 어느 시기까지 스스토 약속한 부분을 달성하겠다는 계획을 세웠다고 하자. 그런데 그것을 위해서 노력하는 기간 동안 회사에서 업무부담이 늘어났고, 상사의 요구도 많아졌으며 가정에서도 새로운 갈등상황이 발생했다. 이때 스트레스에 직면하게 된다. 자신이 목표로 한 일을 방해하는 요소가 생겼기 때문이다. 이런 경우 보통 회사가 너무 일만 시키고 있으며 상사는 비인간적이고 무능력하며 가족은 도움이 되기는커녕 오히려 방해만 될 뿐이라는 비난을 하게 된다.

이것은 자신이 스스로 계획했던 것을 이루지 못한 스트레스를 모두 외부적인 상황 탓으로 돌리는 행동이다. 계획을 달성하지 못한 스트레스의 가장 중요한 원인을 엉뚱한 곳에서 찾는 것이다. 정말 목표를 달성하지 못한 실제적인 이유는 무엇일까? 원인은 바로 자기 자신에게 있다. 계획을 무리하게 세웠거나, 주위의 상황과 맞지 않는 계획이었거나, 자기 삶의 진정성에 가까운 계획이 아니었거나, 무엇보다 중요한 자신의 의지가 부족했기 때문일 수 있다. 자기 잘못을 올바로 보지 못하고 그것을 인정하기 싫어서 다른 희생양을 만들며 스스로를 속이고 있는 것이다.

조지 워싱턴 카버(George W. Carver)는 "실패의 99%는 변명하는 습관에서 온다"고 했다. 우리가 다른 희생양을 찾아서 변명하는 것을 멈추지 않는 한 실패는 끝나지 않을 것이다. 그래서 스트레스를 효과적으로 관리하기 위해서는 자신의 내면에서 기인한 핵심적인 스트레스에 초점을 맞추어야 한다. 외부적 스트레스에 초점을 맞추다가는 스트레스의 사슬에 갇히고 만다. 스트레스의 근원을 찾아 해소하는 것이 중요하다.

내적 스트레스 예방법

1. 기상과 취침시간을 사수하라

기상과 취침시간을 사수하는 것은 아주 중요하다. 큰 틀을 지키면 작은 틀은 자연히 따라오게 마련이다. 생활의 중요한 원칙 몇 가지를 지키게 되면 작은 요소들을 그것에 따라서 효율적으로 배치하고 운용할 수 있다. 하루를 알차게 사용하려면 기상과 취침시간을 지키는 것이 가장

중요하다. 이것만 잘 지켜도 다른 시간들이 자연스럽게 관리될 바탕이
형성되는 셈이다.

2. 술자리에서는 언제 일어설지를 미리 결정하라

직장인들은 술자리가 많다. 그래서 술자리 시간을 잘 관리하지 않으
면 생활이 무너지게 된다. 한번 무너진 생활은 다시 회복하려면 많은 에
너지가 필요하다. 술자리의 특징은 언제 일어나야 할지에 대해서 미리
생각해두지 않으면 끝날 때까지 앉아 있게 된다는 것이다. 그래서 오늘
술자리는 언제 일어날 것인지를 미리 마음속에 결정해두고 참석해야 한
다. 그리고 그 마음속의 결정은 꼭 지켜야 한다.

3. 모든 일과 사람에게서 긍정적인 면을 찾아내라

일과 사람은 스트레스의 근원이다. 거기에서 긍정적인 면을 찾아낼 수
만 있다면 비록 외부적인 스트레스 요인이라 할지라도 내적인 긍정의 힘
을 통해 쉽게 극복할 수 있다. 권위적인 상사에게서 카리스마를 발견하
거나, 아주 하찮은 일에서 자신의 비전에 도움이 될 수 있는 아이디어를
발견하는 것은 곧 사람과 일 자체를 긍정적으로 볼 수 있는 계기가 된다.

4. 내 것이 아닌 것은 포기하라

모든 것을 다 잘할 수는 없는 법이다. 그래서 자신의 재능이 아니라고
생각되는 분야는 아예 포기하는 편이 낫다. 그래도 다른 사람이 하는 평
균수준은 할 줄 알아야 한다는 충고는 믿지 않는 편이 좋다. 21세기에는
모든 것을 평균 정도의 수준으로 하는 사람보다 한두 가지에 탁월한 사

람이 성공한다. 때로는 포기하는 것도 용기다. 행복은 포기하는 능력에 비례해서 찾아온다.

5. 몸에 힘을 빼라

몸에 힘을 빼는 것은 생활의 모든 것에서 스트레스를 줄여준다. 심지어 잠을 잘 때에도 온몸에 힘을 모두 빼고 편하게 잠들어야 숙면을 취할 수 있다. 몸에 힘을 빼고 유연성을 가지게 되면 걸음걸이도 자연스러워지고 사람을 만날 때도 부드러워진다. 축 처져 지내라는 말이 아니다. 산책을 하듯 몸을 자연스럽게 만들라는 뜻이다.

6. 생각할 수 있는 여유를 가져라

생각할 수 있는 여유를 가지라는 말은 어떤 문제나 상황에 부딪혔을 때 그것에 즉각적으로 반응하지 말고 잠시 생각을 해보는 시간을 가지라는 의미다. 빨리 결론을 내리고 결정하지 않아도 무능하다는 말은 듣지 않는다. 잠시 생각을 한다고 해서 그 일이 급속히 악화되는 법도 없다. 즉각적인 반응보다는 좀 여유 있는 반응에서 훨씬 긍정적이고 효과적인 해결책이 발견된다.

7. 남의 일에 간섭하지 마라

바쁘다고 말하는 사람들이 너무 많다. 그래야 일을 하고 있는 것처럼 보이기 때문일 것이다. 관리자들도 마찬가지다. 관리자들이 하는 일들은 대부분 눈에 잘 보이지 않는 일들이기에 상급자 혹은 하급자로부터 알 수 없는 압박을 느낀다. 이런 상황을 피하기 위해 억지로 일하는 척

하는 경향이 있다. 그 대표적인 방법이 바로 꼼꼼하게 간섭하는 것이다. 남의 일에 대해 이런저런 간섭을 하다보면 자연스럽게 논쟁이 생긴다. 그 논쟁은 결국 스트레스의 원인이 된다. 스스로 무덤을 파는 꼴이다. 자기 본연의 일에 집중하면 이런 상황은 아예 발생하지 않는다.

8. 스트레칭을 하라

정기적으로 운동을 하는 것은 스트레스 관리에 좋다. 하지만 시간이 없는 현대인들에게는 쉽지 않은 일이다. 그래서 필요한 것이 업무시간에 할 수 있는 스트레칭이다. 10분이면 충분하다. 하루에 두세 번씩 온몸을 풀어주는 스트레칭을 하면 몸과 정신이 모두 이완된다. 뭉친 근육을 풀어주고 생각에 여유를 가져다 준다.

9. 가슴 뿌듯한 일을 하라

가슴 뿌듯해질 수 있는 좋은 일을 한 번씩 하는 것은 자신의 가치를 고양하는 데 도움이 된다. 지하철에서 만난 맹인에게 천 원짜리 하나를 건네거나, 힘들어 하는 후배에기 밥 한끼 사며 힘내라는 말 한마디 던져주는 일을 통해 자신의 존재이유를 확인하게 된다. 하루에 한 가지는 힘들어도 일주일, 혹은 한 달에 한 가지는 가능하다. 가끔 주머니 사정은 잠시 잊고 좋은 일에 돈을 써보라. 행복이 몇 배로 되돌아온다.

10. 지나침은 모자람만 못하다

지나친 것은 모자란 것만 못한 법이다. 일을 너무 잘하는 것도 약간 모자란 것만 못하고, 너무 잘 노는 것도 약간 모자라게 노는 것보다 못

하다. 모자란 것은 다음에 채울 수 있는 에너지를 주지만 지나치게 남용
되는 것은 에너지를 방전시켜 심신을 소진시킨다. 적당한 시기에 마무
리할 수 있어야 한다.

06

지식노동자의
자원과 무기

나의 자원과 무기

부끄러운 말이지만 제대로 된 자기경영을 해보겠다는 마인드로 삶을 꾸리기 시작했으면서도 얼마 전까지 나는 내가 사용할 수 있는 자원이 무엇인지, 무엇을 생산해야 하며 어떤 가치를 고객에게 남겨야 하는지 전혀 알지 못했다. 그냥 이렇게 하면 될 것 같다는 감으로 살았다. 하지만 자신이 사용할 수 있는 자원과 무기가 무엇인지 모른다는 것은 방패와 칼도 없이 전쟁터에 나가는 것처럼 위험한 짓이었다.

최근에야 나는 경험과 지식이라는 자원과 컴퓨터라는 생산수단을 이용해 새로운 개념들을 만들어내야 한다는 사실을 알게 되었다. 그리고는 지식과 경험을 축적하고 컴퓨터를 배우는 데 시간을 아끼지 않았다. 비로소 내가 무엇을 갖추어야 하는지 알게 된 것이다.

노동자의 새로운 구분 틀

예전에는 산업을 분류할 때 농업, 상업, 서비스업이라는 식으로 분류했다. 하지만 지금은 그런 식의 구분은 더 이상 의미가 없다. 모든 일에 서비스가 포함되기 때문이다. 블루칼라와 화이트칼라로 구분하던 직장인들의 구분 틀도 이제 바뀌어야 한다.

새롭게 제기된 첫 번째 틀은 지식노동자라는 틀이다. 지식노동자란 자신의 지식을 통해서 가치를 생산하고 기여하며 삶을 유지하는 사람들을 말한다. 학교나 연구소 연구원들뿐만 아니라 기획실, 전략실은 물론 일반사무직들도 대부분이 지식노동자에 속한다. 이들의 특징은 컴퓨터를 사용하지 않으면 생산물을 만들어내지 못한다는 점과 사용하는 지식의 양과 수준, 이용 기술에 따라서 능력이 좌우된다는 점이다. 지식과 정보를 자원으로 컴퓨터라는 도구를 통해 '새로운 개념' 이라는 가치를 생산하는 사람이 바로 지식노동자들이다.

두 번째는 서비스노동자들이다. 콜센터의 상담실에 근무하는 사람들, 보험판매원, 접수창구종사자, 백화점판매원 등 고객과의 접점에서 활동하는 이들이다. 이들은 특히 지식보다는 감정을 사용하는 노동활동을 주로 한다. 사람을 대하는 것이 그들의 주된 업무다. 당연히 만나는 사람의 욕구를 파악하고 감정을 배려하고 그것에 맞게 적절한 대안들을 찾아내고 제시해야 한다. 그 과정에서 판매가 이루어지고 피드백이 만들어진다. 이들은 자신의 말과 표정이라는 자원을 토대로 감정이라는 생산수단을 이용하여 고객에게 '좋은 느낌' 을 주는 가치를 생산해내는 사람들이다.

세 번째는 생산노동자들이다. 제조업체와 건설업체를 비롯한 생산현장에서 육체노동을 통해 자신의 노무를 제공하고 삶을 영위하는 사람들이다. 그들은 자신의 육체와 숙련된 기술을 자원으로 기계라는 생산수단을 통해 '제품'이라는 가치를 생산한다. 초기 자본주의사회에서는 대부분이 여기에 속했으나 후기 자본주의사회가 깊어지면서 이런 생산노동자들이 차지하는 비율은 점점 줄어들고 있다.

지식노동자의 시대

생산노동자들의 현실은 심각하다. 예전에는 기술고등학교를 졸업하고 괜찮은 기업에 취업해서 10년 정도를 근무하다보면 중간관리자로 승격도 되어 그럭저럭 안정된 삶을 꾸려나갈 수 있었다. 고등학교를 졸업하고 곧장 취업전선에 뛰어든 탓에 근무연한이 길어져 기술습득에 유리했고 근무한 기간이 오래된 만큼 임금수준도 괜찮았다. 대학졸업자들보다 6~7년 먼저 사회에 발을 내딛기 때문에 자산의 축적 역시 빨랐으며 대체로 결혼이 빠른 탓에 안정적으로 가정을 유지할 수 있었다. 거기에 든든한 노동조합도 뒷받침해주고 있었기 때문에 괜찮은 직업이었다.

그러나 지금은 그런 괜찮은 영역이 점점 축소되고 있다. 기계화와 자동화 및 생산기지 해외이전 등으로 생산노동자들이 차지하는 영역이 점점 좁아지고 있는 데다가 노동조합도 예전만 못한 실정이다.

서비스노동자들의 현실은 어떨까? 일반적으로 서비스노동자들은 고학력이 아니다. 여기서 고학력이라는 말은 정규대학을 졸업했느냐의 문제가 아니라 자신의 학업능력에 대한 믿음이 강하지 못하다는 의미다. 자신의 학업능력에 대한 믿음이 강하지 못하기 때문에 지식노동자로 자리매김하지 못한다. 그래서 감정노동이 심하고 약간의 육체노동도 감내해야 하는 상황에 직면하게 된다. 이렇게 한 번 진입한 서비스노동의 현장에서 발을 빼는 것은 쉽지 않다. 비슷한 직장을 전전하게 되고 학습이 이루어지지 않으며 비전이 부족한 불안한 상태가 반복된다.

서비스노동자들은 엔지니어가 될 만큼의 준비가 없다. 그럴 시간도 없고 자신감도 충분하지 못하다. 그들의 영역은 점차 주부들과 노인인력들에 의해서 대체될 가능성이 높다. 주부들과 노인들은 저임금으로도 서비스직을 수행할 만반의 태세가 갖추어져 있는 데다 감정훈련에 익숙한 사람들이다. 젊은 사람들이 고객의 불만에 불만으로 대응할 때 그들은 연륜으로 웃으며 넘길 수 있다. 이렇게 서비스노동자들의 상황도 긍정적으로만 볼 수는 없게 되었다.

지식노동자들이라고 해서 상황이 좋은 것만은 아니다. 지식노동자들의 세계는 점점 넓어지고 있고 그 시장에 뛰어드는 사람들의 능력은 매년 업그레이드되고 있다. 경쟁이 치열해질 수밖에 없다. 때문에 끊임없는 자기계발과 실적 스트레스에 시달려야 하고 언제든 회사를 떠날 준비를 해야 한다는 강박관념에 사로잡힌다. 사회는 너무 빨리 변해가고 결혼하고 아이 한둘 키우다보면 청춘이 다 간다. 변해가는 사회에 적응하기 위해 몸부림치다보니 어느새 명예퇴직이 기다리고 있더라는 말은 과장이 아니다. 새로운 지식을 축적하고 자신만의 가치를 만들기에는 시간이 절대적으로 너무나 부족하다. 이런 경향은 갈수록 심해질 것이다.

자신의 위치를 확인하라

지금은 모두가 힘든 시대다. 하지만 대안은 분명히 있다. 그것은 자신이 어디에 서 있는지를 확인하는 것에서부터 시작되어야 한다. 자신이 지식노동자인지 서비스노동자인지 생산노동자인지 확인하는 것이 급선무다.

이 책을 읽고 있는 사람은 대부분이 지식노동자라고 보아도 무방할 것이다. 하지만 아쉽게도 자신이 지식노동자이면서도 그 사실을 알지 못하는 사람들이 너무도 많다. 아니 자신이 어디에 속해 있는지조차 생각해본 적이 없다는 표현이 더 정확할 것이다.

자신이 지식노동자임을 알지 못하는 사람은 자신이 어떤 자원을 사용해서 어떤 생산수단을 이용할 수 있는지에 대해 생각하기 어렵다. 그 결과 주어진 일들을 과거 선배들이 해온 방식이나 자신에게 익숙한 방식으로 반복하게 된다.

이것은 스스로 자기 발전의 틀을 제약하고 가로막는 행위와 같다. 자신이 서비스노동자라고 확신하는 사람은 감정의 힘을 이용할 수 있어야 한다. 하지만 대부분의 서비스노동자들은 감정의 힘을 사용하기는커녕 감정에 짓눌려 스스로를 희생자로 만들고 있다. 어느 서비스노동자는 서비스업을 '남는 것은 상처난 마음뿐' 인 직업이라고 표현했다.

자신은 어디에 속하는가? 자신이 사용할 수 있는 자원은 무엇이며 생산수단은 무엇인가? 스스로에게 물어볼 차례다.

현장 중심의 세계

그나마 우리에게 다행인 것은 미래의 사회는 현장 출신의 실무능력을 가진 사람들이 주도하게 될 가능성이 많다는 점이다. 자신이 생산노동자이든 서비스노동자이든 지식노동자이든 기계를 만지고 고객을 만나고 프로세스를 개선하는 현장에 있기만 하다면 그것이 오히려 기회가 될 수 있다.

요즘 기업체 강의에서 교육담당자들이 가장 먼저 물어오는 질문이 있다. "현장 경험이 있으십니까?"라는 질문이다. 무슨 의미일까? 책에 나와 있는 내용을 옮겨서 말로 전하는 강사인지, 아니면 현장에서의 경험을 토대로 실천 중심의 가치 있는 내용을 전달해줄 수 있는 강사인지를 확인하는 것이다. 예전에는 교수나 박사, 연구원장이라는 직함이라면 통했지만 지금은 오히려 그런 간판들이 선입견을 줘서 마이너스가 되는 경우도 있다. 기업체의 교육담당자들이 원하는 교육도 이제는 현장 중심으로 바뀌어가고 있다.

자신이 서 있는 위치를 확인한 다음에는 자신이 어느 현장에 있는지를 확인해야 한다. 그리고 그 현장에서의 경험을 가치로 축적할 수 있어야 한다. 큰 그림 속에서 자신의 위치를 찾아내고 그 현장에서 무엇을 추출할 것인가를 생각하고 고민해야 한다. 만약 당신이 생산노동자, 혹은 서비스노동자라면 학습계획을 세우고 밀고 나가면서 필요한 지식을 보충하는 것이 중요하다.

반면 지식노동자는 학습과 함께 현장과 시장의 상황을 주시하고 가능하다면 경험할 수 있는 기회를 찾아보는 것이 좋다. 현장과 학습이 병행되지 않는 성장은 가능성이 없다. 새로운 시대의 생존의 문제는 자신을

얼마나 잘 정의하고 자신이 사용할 수 있는 자원과 무기를 어떻게 이용
하느냐와 깊이 연관되어 있다.

자신의 위치를 확인해야 하는 이유

1. 자신의 자원이 무엇인지를 파악할 수 있다.

2. 자신의 생산수단이 무엇인지를 알고 이용할 수 있다.

3. 미래에 만들어낼 가치가 무엇인지 예측할 수 있다.

4. 어떻게 하면 그 가치를 만들지 알 수 있다.

07

일에서 지식을 사용하는 법

아는 것이 방해가 된다

우리는 자주 자신이 아는 것과 행동하는 것을 혼동한다. 때문에 아는 것을 행동하는 것이라고 생각한다. 단지 머릿속으로 알고 있을 뿐인데도 자신이 마치 그 모든 것을 행동하고 있는 양 착각하는 것이다. 이럴 경우 아는 것이 오히려 필요한 행동의 방해 요인이 된다.

직장인들에게도 이는 똑같이 적용된다. 자신이 알고 있는 지식을 생활에 적용하고 있다고 믿는 경향이 있다. 그래서 교육을 들어도 뻔히 아는 이야기 같고 책을 읽어도 그 이야기가 그 이야기 같다. 결국 해야 할 것도 할 만한 것도 없어진다.

지식을 적용하지 못하는 이유

작고한 피터 드러커는 이런 말을 남겼다.

"우리들 대부분은(아마도 우리들 모두) 이미 이용하고 있는 것보다 몇 배나 더 많이 알고 있다. 산출량을 증가시키지 못하는 가장 큰 이유는 우리가 갖고 있는 여러 지식을 활용하지 않기 때문이다. 우리는 사용하지 않는 공구상자의 한 부분처럼 지식을 모두 이용하지 않고 있다."

머릿속의 지식이 힘이 될 수 있는 것은 목표를 달성하기 위한 구체적인 행동 속에서 사용될 때이다. 지식에 관해서 우리의 핵심 문제는 바로 이것이다. 가지고 있으면서도 그 힘을 이용하지 못하는 것. 때문에 지식의 용도를 확신하지 못하고 지식을 획득하고 사용하는 일에 소홀하게 된다.

직장인들이 지식을 자신의 일에 적용하지 못하는 이유는 세 가지로 나누어 볼 수 있다.

습득의 실패

첫 번째, 지식 습득에 실패하는 경우다. 자신에게 필요한 지식이 무엇인지, 어떻게 얻어야 하는지를 모르는 경우가 이에 해당한다. 지식을 얻지 못했으니 사용할 수도 없는 것은 당연하다. 다른 사람들이 도대체 어디서 그런 지식과 정보들을 얻어내는지 궁금하기는 한데 정작 찾아보면 어디서 구했는지 알 수 없는 경우가 있다. 아직 지식을 보는 눈이 생기지 않았거나 지식을 얻을 수 있는 매체를 발견하지 못한 탓이다.

필요한 지식은 주변에 널려 있지만 그것을 보는 눈이 없다면 스쳐가는 바람처럼 잡을 수 없다. 책, 신문, 잡지, 멘토, TV, 영화, 논문 등 지식을 얻을 수 있는 자기만의 매체들도 개발해야 하는데 그것에도 실패를 거듭하곤 한다. 책이나 신문을 아무리 많이 읽어도 그것이 다 지식이 되지는 않는다. 자신에게 필요한 것을 찾아내는 현실감각이 있어야 가능한 일이다.

사용의 실패

두 번째, 지식 사용에 실패하는 경우다. 지식을 습득하기는 했지만 그것을 사용하지 않는다면 무용지물이다. 사실 요즘 직장인들의 문제는 자료가 부족한 것이 아니라 그 자료의 사용에 실패하는 경우가 더 많다는 것이다. 지식은 가졌지만 그것을 어디에 사용해야 할지 모르는 것이다. 그래서 지식이 많은 것보다 자신의 일에 그것을 사용할 수 있느냐가 훨씬 중요하다.

책을 읽고 잘 적용하고 있는가? 적용하면서 생기는 문제점들에 적절히 대처하고 있는가? 괜찮은 내용을 책에서 읽었다면 그것을 생활에 적용시키려는 실천활동이 필수적이다. 그렇지 않으면 읽어야 할 이유도 없다. 이것이 지식의 사용이다.

상대방을 '배려' 하는 것이 리더십을 발휘하는 효과적인 방법이라는 사실을 안다면 '배려' 라는 구체적인 행동으로 검증해봐야 한다. 그것도 장기간에 걸쳐 배려의 힘을 사용하고 자신의 품성이 될 수 있도록 노력해야 한다. 실천이 곧 지식의 사용이다. 그런 면에서 우리의 문제는 지식 부족이라기보다는 지식 사용의 실패라고 봐야 한다. 대부분의 사람들이 겪고 있는 문제의 본질도 사용의 실패다.

사용의 실패를 방지하고 효과적으로 지식을 사용하는 방법들 중에 가장 괜찮은 길은 가르칠 기회를 얻는 것이다. 다른 사람을 가르치기 위해서는 지식을 체계화해야 하고 실제 사용되고 있는 사례를 제시할 수 있어야 한다. 가르치기 위한 준비를 하면서 지식을 사용하게 된다. 준비과정에서 새로운 아이디어들이 떠오르고 효과적으로 적용할 수 있는 방안들이 만들어진다.

또한 가르치는 동안 새로운 적용 방식이 개발된다. 서로 적용할 수 있는 영역에 차이가 있기 때문에 가르치는 동안 상대는 자신의 분야에 필요한 지식을 추출해서 사용하도록 자극받는다. 이것이 지식의 공유다. 그냥 가진 자료를 건네주는 방식의 공유가 아니라 상대방의 분야에 적용 가능하도록 자극을 주는 것이 진정한 의미의 지식 공유이다. 지식은 공유할수록 힘이 커진다.

가르치는 기회를 얻어라. 가능하다면 가르치고 배울 수 있는 공간을 만드는 것도 좋다. 서로 가르치면서 배우고, 배우면서 가르치게 된다. 지식의 확장은 사용됨으로써 가능해진다. 사용되지 않는 지식은 확장되지 않는다.

폐기의 실패

세 번째, 지식 폐기에 실패하는 경우다. 지식을 폐기하는 것은 지식 습득 못지 않게 중요하다. 더 이상 필요하지도 유용하지도 않은 지식은 폐기해야 한다. 그래야 새로운 지식이 들어올 수 있기 때문이다. '배려'가

가장 효과적인 리더십 수단이라는 인식을 버려야 배려 외의 다른 활동의 중요성도 인지할 수 있다. 지구가 평평하다는 생각을 버려야 둥글다는 생각이 들어올 수 있다. 상대방에 대한 부정적인 인식을 버려야 긍정적인 면이 눈에 들어온다.

요즘은 지식의 사용주기가 짧아지면서 어제 사용했던 것이 오늘 유용하지 않은 경우가 많다. 해피콜 서비스가 고객에게 좋은 반응을 얻었던 것이 얼마되지 않았는데 이제 고객들은 해피콜을 귀찮게 여기고 오히려 불편하다고 말한다. 처음에는 신기하고 재미있던 것도 시간이 지나면 귀찮아지기 마련이다. 그러면 해피콜 서비스 대신 새로운 서비스 방법들을 찾아내야 한다. 새로운 지식이 필요한 것이다. 그러자면 기존의 해피콜 서비스가 유용하다는 생각을 버려야 한다. 그래야 새로운 대안들을 모색할 기회가 생긴다.

지식의 사용과 재생산

지금 고민해야 하는 것은 '이것을 어떻게 적용할 수 있을까?' 여야 한다. 하나를 알았으면 그것을 자신의 일에 적용시키는 연습을 해나가야 한다. 이곳저곳에 적용시키는 연습을 하고 생각을 키워가다보면 자연스럽게 지식을 보는 눈도 확장된다. 어디에서 얻을 수 있으며 어떤 것이 필요한지를 알게 된다. 도둑질도 해본 놈이 잘한다. 안 해보니 알 수가 없다. 이것이 우리의 문제다.

지식을 사용하고 폐기하고 다시 습득하는 능력은 갈수록 중요해지고 있다. 많은 사람들이 이것에 실패해서 자신의 일에서 재미와 성장을 얻지 못하고 만다. 현대 직장인들에게는 지식을 사용하고 재생산할 수 있는 생산수단의 활용이 필수적이다.

자신의 일에 지식을 적용하지 못하는 이유

1. 지식 습득에 실패해서.

2. 지식 사용에 실패해서.

3. 지식 폐기에 실패해서.

4. 자신이 아는 것을 실천하고 있다고 믿기 때문에.

08

전문가의 학습지도 만들기

무엇을 배울 것인지 안다

"우리가 목표를 설정하고 이를 달성하기 위한 활동을 할 때 주어지는 피드백을 제대로 인식하고 평가하는 법을 배우지 못한다면, 결코 그 활동을 즐길 수 없다."

시카고대학 칙센트미하이(Csikszentmihalyi)교수의 말이다. 좀 쉽게 표현하면 자신이 잘했는지 못했는지에 대해 스스로 평가할 수 있는 방법을 가지고 있어야 한다는 의미다. 예를 들어 그림을 그리는 화가는 자신의 그림이 좋은지 나쁜지에 대해서 내면화된 기준을 가져야 하고, 강의를 하는 사람은 잘했는지 못했는지를 스스로 느낄 수 있어야 한다. 그러지 못하면 어느 방향으로 어떻게 발전해갈 것인지에 대한 감을 놓치게 된다. 이는 지금 무엇을 배우며 앞으로 무엇을 배울 것인가에 대해서 알고 있음을 전제로 한다. 앞으로 무엇을 배울지 알아야 지금의 학습상태를 평가할 수 있다. 앞으로 무엇을 배워야 하는지 아는 것은 학습지도를 가졌다는 의미다.

프로의 학습지도 만들기

지식을 체계화하기 위해서는 먼저 자기만의 관심 분야, 핵심 학습 분야를 정해야 한다. 세계지도를 들고 다니며 여행을 할 수는 없다. 여행에는 상세지도가 필요하다. 핵심 분야를 정한 다음 정평이 난 저자들의 기본서들을 조사한다. 이른바 기본서적 리스트를 작성하는 것이다. 이때 너무 많은 리스트는 혼란을 가중시킬 수 있으므로 소문난 저서들 중 열 권정도로 제한하여 선별한다.

이제 어느 책을 읽을 것인지를 선정해야 하는데 기본서라고 하더라도 수준에 따라서 차이가 있을 수 있다. 자신의 수준과 상황에 맞는 책을 고르는 것이 좋다. 주변의 추천을 받는 것도 한 방법이고 목차와 내용들을 대충 훑어보는 것도 도움이 된다. 이렇게 자신의 수준에 맞는 기본서를 몇 권 고른 후 학습을 시작한다.

첫 학습에서는 완전히 이해하지 않아도 좋다. 일단 그 책에서 말하는 주요내용이 무엇이며 어떤 쟁점이 핵심인지를 파악하는 것이 중요하다. 가능하면 간단하게 노트에 기록을 해둔다. 아니면 책의 차례 부분에 주요내용을 체크해두거나 기록하는 것도 좋은 방법이다.

이런 방법으로 기본서들을 읽고 나면 대강의 흐름을 알 수 있다. 자기 분야에서 핵심적인 기술은 무엇이며 무엇을 준비해야 할지 알 수 있다. 그리고 다음 단계로 기본서들을 다시 정독하면서 마스터한다.

책을 읽다보면 이상하게 자신의 마음을 끄는 저자들이 생길 것이다. 그것이 포인트다. 이제 그의 책을 모조리 읽어서 생각의 원류를 찾아야 한다. 자신이 좋아하는 전문가를 골라서 그의 생각과 작업방법들을 모조리 이해하는 것이다. 좋아하는 사람의 책을 읽으면 에너지와 열정이 강해진다. 그 에너지로 그를 연구하면 길이 보일 것이다. 이때 핵심적인 내용은 외우는 것이 좋다. 외우지 않으면 생각이 깊어지기 어렵다. 창의성도 기본적인 바탕이 있어야 발생한다. 그것은 외우기다.

좋아하는 전문가의 책을 정독해서 읽다보면 자연히 그 책에서 소개하거나 그 책의 바탕이 되는 다른 책의 목록들도 작성할 수 있게 된다. 그 다음 단계가 바로 목록에 적혀 있는 책을 읽는 것이다. 연관성이 있는 책을 읽게 되면 생각이 어디로부터 흘러와서 어떻게 정착되었는지를 한눈에 그려볼 수 있다. 그것은 당신이 전문가적인 생각을 키워내는 데 아주 중요하다. 어디에서 새로운 것을 배워야 하는지를 알려주기 때문이다.

이런 과정을 통해서 독서는 새로운 분야로 확장된다. 하나의 분야에서 그와 연관성이 높은 다른 분야로 옮겨간다. 점점 무엇을 어떻게 배워야 할지에 대한 감을 키울 수 있다. 이렇게 자신에게 필요한 지식을 갖추어가는 '학습지도' 가 만들어진다.

학습지도 관리의 원칙

학습지도를 준비하는 과정에서 지켜야 할 몇 가지 원칙들이 있다.

첫 번째는 많은 책이 중요한 것은 아니라는 사실이다. 많은 책을 읽기보다는 적은 책이지만 정확하게 읽고 이해하는 것이 중요하다. 자칫 지나친 욕심에 이것저것 손대다가는 아무것도 얻지 못하고 끝날 수도 있다. 가능하면 반복해서 읽고 필요하다면 핵심은 외워두자. 다른 사람들이 물으면 즉시 핵심어구가 튀어나올 수 있게 외워두어야 한다. 그리고 외워둔 것을 일상에 비교하면서 적용하는 연습을 해야 한다.

둘째, 지식을 배우는 것도 중요하지만 지식을 다루는 방법을 배우는 것은 더 중요하다. 지식을 다루는 방법을 배우는 것은 21세기에 필수적인 능력이 될 것이다. 그단큼 지식이 넘쳐나기 때문이다. 많은 자료를 어떻게 분류하고 정리하며 활용하는지를 배우려면 다양한 실험이 필수적이다. 파일로 저장하는 방법도 연습해보고 잡지나 신문을 오려서 분야별로 모아두는 것도 실험해보아야 한다. 그리고 필요한 때에 어떻게 적절한 자료를 꺼내서 사용하는지도 실험해야 한다. 아무리 많은 자료나 내용이 있어도 사용할 수 없다면 아무 쓸모없다. 내가 많은 책을 쓸 수 있는 이유도 자료들을 적당한 곳에 두고 필요할 때 꺼낼 수 있도록 준비해두고 있기 때문이다. 스스로 그 방법을 찾아내야 한다.

셋째, 장기적 관점을 견지하고 남들과 다른 면들을 계속 찾아 기록한다. 나는 가방이나 주머니에 넣고 다니는 수첩 외에 대학노트를 따로 사용하고 있다. 독서를 하거나 다른 사람들의 말을 듣거나 TV를 보면서 그 사람이 주장하는 것과는 다른 점들을 발견하면 곧장 노트를 꺼내서 기록한다. 그리고 즉시 그 순간 내 생각을 확장해서 구체화시켜 기록해둔다. 여러 번 이런 경험을 하다보면 생각이 축적된다. 이렇게 모여진 내용들은 다음에 책을 쓰거나 강의를 할 때 큰 도움이 된다. 남들과는 다른 독특한 생각이 만들어지는 것이다. 자신만의 관점에서 세상을 보고 정리해두는 습관이 필요하다.

학습지도를 가지고 학습을 하면 체계적인 학습이 가능하다. 자기 분야에서 기본이 무엇이고 응용이 무엇이며 어디로 확장하면 좀더 효과적인가를 자연스럽게 느끼게 된다. 책에서 배운 내용을 다른 현상과 사물로 확장해서 적용할 수 있게 되고 궁극적으로 사람과 인간관계의 비밀을 자신의 눈으로 풀어낼 수 있게 된다. 스스로의 생각으로 세상을 진단하고 해법을 찾아낼 수 있다면 그는 이미 전문가다.

학습지도는 무계획이 주는 난잡함과 빠른 성과에 대한 강박관념을 줄여주고 장기적 안목에서 자신을 성장시키도록 돕는다. 좀 하다가 도움이 안 되는 것 같아서 금방 그만둬 본 경험이 많은 사람이라면 지금부터라도 자신만의 학습지도를 만들어라. 지도가 없으면 원하는 곳으로 정확하게 찾아가기 어렵다. 지도를 미리 준비한다면 남들보다 훨씬 빨리 편하게 목적지에 도달할 수 있다.

> **학습지도 만들기**
>
> 관심분야, 핵심분야 선정 ➡ 기본서적 리스트 작성 ➡ 수준에 맞는 기본서 선택 ➡ 독서 및 기록 ➡ 관심 있는 저자의 책을 집중 독서 ➡ 관련된 서적리스트 작성 및 독서 ➡ 관련 깊은 분야로 확장

학습지도를 만드는 과정에서 해야 할 일

1. 지식의 저장고 만들기(파일박스, 스크랩북 등)

2. 저장고에서 꺼내는 연습하기(파일을 수시로 업데이트하고 관리하기)

3. 지식을 사물과 인간에게 적용해보기(스스로 판단하는 훈련)

4. 자신만의 해법을 노트에 적어두기(스스로 해결책을 찾는 훈련)

09

필요한 시간 동안 필요한 행동을 한다

필요한 시간

아주 오래전부터 책을 내겠다는 목표를 가졌었다. 대학 때부터 습작노트를 몇 권이나 써댔는지 모른다. 그렇게 무작정 글을 쓰고 모았다. 한 번은 시집을 내겠다고 그동안 쓴 시를 모아 출판사에 보내기도 했다. 물론 출판사에서는 아무런 연락도 없었다. 그 후로도 무엇을 써야 할지 몰랐을 뿐 쓰고 싶다는 생각은 간절했다. 그런 시간을 보낸 후 서른이 갓 넘어서 출판사에 자기변화에 관한 원고를 보냈다. 역시 아무런 연락이 없었다. 그 원고를 다듬고 또 다듬었다. 그 과정에서 수년이 흘러갔다.

마침내 이 정도면 되겠다는 느낌이 왔다. 그때 출판사에서 OK사인을 보내왔다. 책을 내겠다는 꿈을 품은 지 무려 15년 만의 결과였다. 이 경험으로 나는 깨달았다. 무엇인가 남들에게 인정받을 만큼 충분히 잘하기 위해서는 반드시 필요한 시간이 있다는 것을.

필요한 행동을 계속하는 것이 성취의 비결이다

의지가 강한 것은 훌륭한 것이다. 하지만 무엇인가를 하는 데 얼마 만큼의 시간이 걸리는지에 대한 예측이 없다면 그 의지를 유지하기는 쉽지 않다. 아무리 재미있는 영화라도 언제 끝날지도 모른 채 계속해서 본다는 것은 쉬운 일이 아니다.

세상일에는 그 일을 하는 데 필요한 시간이 정해져 있다. 서울에서 부산까지 걸어가기 위해서는 한 달이라는 시간이 필요하고, 책 한 권을 다 읽기 위해서는 최소한 5시간 이상이 필요하며, 아이가 어머니 뱃속에서 성장하여 세상에 모습을 보여주기 위해서는 열 달이라는 시간이 필요하다. 이렇게 모든 일에는 그것에 필요한 적절한 시간이 정해져 있는 법이다. 그런데 우리는 그 정해진 시간을 참지 못하고 딴전을 하거나 한눈을 팔다가 목적지에 도달하지 못하고 주저앉고 만다.

마라톤을 완주하는 데는 2시간 이상의 시간이 걸린다. 마라톤풀코스를 완주하는 데 걸리는 시간은 사람에 따라 조금씩 차이는 있지만 특정한 시간이 정해져 있다. 100미터를 달리는 시간도 정해져 있고, 1만 미터를 달리는 시간도 정해져 있다. 하지만 달리던 선수가 도중에 멈춘다면 절대 목적지에 도달할 수 없다. 일정한 시간을 투자하지 않으면 원하는 것을 얻을 수 없다. 그 시간 동안 필요한 행동을 계속해야만 한다. 마라톤에서 그 필요한 행동이란 달리는 것 바로 자체이다.

그래서 자신이 원하는 목표가 얼마나 긴 시간을 필요로 하는지에 대해 정확히 예측하지 못하면 낭패를 보게 된다. 5년이 걸리는 일을 1년만에 끝내려고 하다가는 조급함에 무너지게 될 것이고, 1년이면 될 일을 5년씩 예상하다가는 에너지를 분산시켜 결국 지루함 앞에 무릎을 꿇게 될 것이다. 목표 달성에 필요한 시간을 적절히 예측할 수 있어야 한다.

필요한 시간을 결정하는 변수들

이때 목표 달성에 필요한 시간은 다양한 변수의 작용에 의해서 줄어들거나 늘어날 수 있다. 그 변수란 일을 하는 사람의 의지, 목표의 특성, 환경적 조건을 말한다.

예를 들어 당신이 자동차 부품을 납품하는 개인사업체를 운영하여 독립하는 것이 꿈이라고 가정해보자. 이때 당신이 그것을 얼마나 하고 싶어하는지, 얼마나 충분히 노력하는지에 따라 그 시간이 단축될 수 있다. 또한 당신이 생각하고 있는 사업의 규모에 따라 필요한 시간은 달라질 수 있다. 작은 구멍가게 수준인지 최소한 중소기업체의 모양새는 갖출 것인지에 따라 달라지는 것이다.

마지막으로 환경적 조건이 얼마나 도와주느냐에 따라 시간이 단축되기도 한다. 지금 회사에서 하고 있는 당신의 일이 꿈과 밀접한 관련이 있다면 그것은 하늘이 도운 것이다. 또한 집안의 경제적 뒷받침이 있거나 그것을 같이 추구할 수 있는 좋은 파트너가 있는 것도 도움이 될 수 있으며 무엇보다 해당 분야의 경제가 활성화되어 당신이 뛰어들 업종이 활황이라면 금상첨화다.

이렇게 우리의 목표 달성에 필요한 시간은 그것을 추구하는 주체의 의지, 목표의 특성과 수준, 환경적 조건에 의해 결정된다. 그래서 어떤 사람은 독립하는 데 5년이 걸리그 다른 사람은 20년이 걸리기도 한다.

당연히 우리는 이 세 가지를 통제하고 관리해야만 한다. 자신이 원하는 꿈을 좀더 빨리 달성하기 위해서는 세 가지를 관리하고 조절해나가는 능력이 필수적이다. 관리하지 않으면 관리당한다. 주도하지 않으면 휩쓸린다.

목표를 향한 의지를 관리하기 위해서는 자신에게 적절한 자극제들을 제공하는 것이 좋다. 성공한 사람들의 스토리들을 읽으면서 자극받고, 훌륭한 강사들의 강의를 통해 어떻게 하면 좀더 나아질 수 있는지를 연구해야 한다. 그 과정에서 의지는 더욱 강해지고 열정도 충만해진다. 스스로를 믿고 할 수 있다는 믿음도 가져야 한다. 그래야 어떻게 할 것인지에 집중할 수 있다. 어떻게 할 것인지 생각하는 시간이 많아질수록 의지는 더욱 강해진다. 한 가지씩 좋은 방법들이 생각날 때마다 자신이 기특하게 여겨지고 할 수 있다는 가능성이 쌓여가기 때문이다.

환경을 최적화하라

환경적 조건을 최적화시키려면 분야를 몇 개로 나눠볼 필요가 있다. 가장 쉽게 업무환경, 동료환경, 가족환경, 외부환경으로 나눌 수 있다. 업무환경에는 지금 하고 있는 업무의 양과 질이 해당된다. 지금 하고 있는 일에서 당신의 꿈과 관련된 부분들을 끊임없이 개발하려는 노력이 필요하다. 가능하면 관련성 있는 부서에서 오래 근무하는 것이 좋다. 최근 기업환경을 보면 한 사람에게 3년 이상 같은 일을 시키는 경우가 드물다. 어쩔 수 없는 현실이다. 불평하거나 실망할 것이 아니라 그곳에서 새로운 연관성을 찾으려고 노력해야 한다. 스스로 관련성 있는 업무를 찾아내야 한다.

동료환경은 배울 수 있는 동료들과 가까이 하는 것이 중요하다. 내가 가지지 못한 것을 줄 수 있는 동료를 찾아가서 배워라. 그들의 장단점을 분석하고 특별한 기술을 취득하는 스킬을 익혀라.

가족환경은 통제하기가 쉽지 않다. 가까울수록 관리하기 어렵다. 시간이 걸리는 일이다. 가족을 우군과 지원자로 만들지 못하면 장시간 동안 꿈을 준비하는 것이 어렵다. 부부싸움을 하고 출근한 사람이 고객과 동료들을 웃는 얼굴로 대하기란 쉬운 일이 아니다. 집안 문제가 복잡한 사람은 회사일에 몰입하기가 어렵다. 의외로 사람은 작은 일로 무너진다. 특히 집안의 작은 문제들이 그렇다. 그래서 집안의 화목을 위해 노력하는 시간이 필요하고, 가족이 지원군이 될 수 있도록 해야 한다. 그렇지 않으면 그들은 당신의 발목을 잡을 것이다.

외부환경은 전문가들과의 네트워킹이 잘 되고 있는지, 도와줄 만한 선후배들은 포진하고 있는지와 경제상황들이 여기에 해당된다. 외부경제의 상황은 통제하기가 불가능하다. 하지만 경제는 항상 어려웠고 독립은 항상 모험이었으며 그래도 성공한 사람들은 슬기롭게 대처해갔다는 사실을 잊지 말자.

원하는 목표가 있다면 먼저 그것에 필요한 적절한 시간을 미리 예측해보자. 그리고 그 시간을 앞당길 수 있는 변수들에 대한 관리를 시작하자. 장기적 안목으로 세상을 살되 변수 관리는 철저해야 한다. 그래야 필요한 시간 동안 필요한 행동을 해나갈 수 있기 때문이다.

필요한 것을 얻기 위해서는 그것이 필요로 하는 시간 동안 필요한 행동을 계속하는 방법뿐이다.

10

서두른 독립은 위험하다

성공이 독이 되는 순간

누구나 독립하고 싶은 욕구를 가지고 있다. 더구나 사회적으로 인정도 받고 능력도 높아지면 그 욕망이 더욱 강해진다. 심지어 세상이 자기 것 같이 느껴지기도 한다. 그 결과 자신의 객관적인 상황을 넘어서 현실을 오판하게 된다.

저자들의 경우라고 예외는 아니다. 쓴 책이 베스트셀러가 되면 강의 요청이 쇄도하고 다른 책을 내자는 출판사의 제의도 끊이지 않는다. 밀려드는 원고청탁과 강의, 책 쓰는 일에 휩쓸려 자신의 본연의 일에 집중하지 못하게 된다. 회사를 다니던 사람은 회사일이 지겹게 생각되고, 새로운 것을 배우는 일이나 자신을 개발하는 일에도 소홀하게 된다. 책을 내는 것이 전문가가 되는 빠른 길임은 분명하지만 자기관리를 소홀히 하면 오히려 그것이 자기 무덤이 될 수 있다.

　더구나 요즘처럼 변화의 속도가 빠른 시대에는 책의 수명도 아주 짧다. 기껏해야 2~3년이다. 책의 판매가 줄어들면서 강의요청도 줄어든다. 그때서야 새로운 것을 준비해보려고 하는데 그동안 자기계발을 게을리 한 탓에 새것을 낼 역량이 부족하게 된다. 직장생활을 하는 사람들이 책 한 권 잘 썼다가 우연히 득립하게 되는 경우도 있다. 하지만 책에 의존해서 한 독립은 책이 수명을 다했을 때 위험에 처하게 된다. 자신이 독립할 수 있는 충분한 역량이 있는지에 대한 구체적인 분석 없이 분위기에 휩쓸려 결정한 탓이다.

독립의 열망이 강할수록 경계해야 한다

많은 직장인들이 독립을 준비하고 있다. 투잡을 하다가 우연히 얻게 된 사업아이템으로 새로운 삶을 구상하는 경우도 있고, 회사에 들어가기 전부터 생각해두었던 자기만의 사업계획인 경우도 있으며, 오래된 친구로부터의 동업제의를 통해 구체화시킨 경우도 있다. 어떤 경우든 모든 직장인들은 독립을 꿈꾸고 실제로 이런저런 기회를 한두 번은 만나게 된다.

　안타깝게도 독립에 대한 열망이 강하면 강할수록 근원적인 문제점을 내정하고 있다. 열망이 강하면 상황을 낙관하게 되고 지금의 상황이라면 뭐든 다 할 수 있을 것 같다는 느낌을 받는다. 그리고 그것 때문에 객관적인 상황을 오판하기 십상이다.

　주관적인 판단의 오류에 빠지지 않기 위해서라도 자신이 충분히 준비가 되었는지를 살펴볼 수 있는 객관적인 점검리스트 정도는 가지고 있

　이기적인 직장인

어야 한다. 자산은 충분한지, 자신의 기술과 지식 수준은 어디에 도달했는지, 협력자들의 사전약속은 받아냈는지, 고정고객은 확보되었는지, 대외환경은 적합한지 그리고 무엇보다 자신의 역량이 충분한지 등이 평가되어야 한다.

오래전 회사생활에 염증을 느끼고 독립을 하겠다고 큰소리치는 친구를 만났을 때였다. 그는 회사생활을 통해서 충분히 독립할 수 있는 준비를 해두었다며 자신이 왜 사업을 할 수밖에 없는지에 대해서 장광설을 늘어놓았다. 한참을 듣고 있다가 혹시나 하는 마음에 물었다.

"사업계획서는 써 보았니?"

"그게 뭔데?"

"사업하겠다면서 사업계획서도 몰라? 그럼 고정고객들이 될 만한 사람들의 명단은 있어?"

"…."

사업을 하기 위해서는 그 사업에 필요한 기본적인 준비들이 있기 마련이다. 그 기본이 없다면 그는 준비되지 않은 것이다.

고객의 신호를 기다려라

상황이 괜찮아 보이고 충분히 준비되었다는 생각이 들지라도 독립은 한 번 더 미루는 것이 좋다. 하지만 일단 독립해야겠다는 결심을 하고 나면 미루기가 쉽지 않다. 신형 세단을 구경하고 차를 바꿔야겠다는 결심을 한 후 자신의 고물차를 다시 타고 다니는 기분과 비슷할 것이다. 그래서 성급하게 세상에 뛰어들지만 그 성급함이 예기치 못한 어려움을 가져오게 된다.

그렇다면 언제까지 독립을 유보해야 할까? 일단 자기만의 기준을 잡는 것이 필요하다. 그리고 그 기준은 주관적인 감정이나 기분에 있는 것이 아니라 외부의 객관적인 요청에 근거를 두는 것이 좋다. 외부로부터 최종 콜이 올 때까지 기다려야 한다.

외부에서의 최종 콜이란 세상이 스스로 길을 열어 보여주는 것을 말한다. 대표적인 것이 고객으로부터의 독립요구나 제의다. 독립의 준비가 되었는지는 고객들이 가장 먼저 알아본다. 고객들로부터 '이런 실력을 갖고 있으면서 왜 회사에 둬어 있느냐'는 말을 수차례 듣는 상황이라면 그것은 확실한 신호가 될 수 있다. 제품의 품질에 대해 가장 민감한 사람이 고객들이기 때문이다.

독립의 준비가 되었는지를 외부에서 판단해주는 사람은 바로 고객이다. 절대 자기만의 생각에 의존해서 사표를 써서는 안 된다. 고객으로부터 인정을 받을 수 있을 때까지 기다리는 것이 최선이다. 그러려면 그 시기까지 회사의 보호를 받으며 체력을 보충하고 기술을 연마하는 인내심이 있어야 한다. 성급히 뛰쳐나왔다가 회사가 자신을 보호해주는 방패였다는 사실을 실감하는 사람들이 너무도 많다.

세상은 준비가 되어 있지 않은 사람에게 절대 문을 열어주지 않는다. 반대로 준비가 된 사람에게는 세상이 스스로 문을 열어준다. 세상으로 향하는 문이 저절로 열릴 때까지 기다려야 하는 것이다. 기다릴 수 있는 것도 용기다.

참고 또 참아라. 그러면서 주위의 신호들을 꾸준히 지켜보라. 앞으로 달려나가야 할 순간이 오면 서상이 당신에게 신호를 보낼 것이다.

독립은 최대한 늦춰라

1. 사람은 자신의 상황을 너무 낙관하는 경향이 있다.

2. 회사는 당신을 보호해주는 장치이기도 하다.

3. 보호장벽 안에서 충분히 훈련하고 연습하라.

4. 때가 되면 고객들이 길을 열어줄 것이다.

5. 그때까지 기다릴 수 있는 것도 용기다.

프로페셔널로
살아라

THE SELFISH WORKER

독점적인 브랜드로 키우기

독서광 브랜드

어느 날 아내에게 말했다.

"내 브랜드는 '독서광'이 될 것 같아."

"독서광? 그것도 브랜드야? 그게 브랜드면 나는 'TV광'으로 하면 되겠다."

아내는 독서광이라는 브랜드가 영 마음에 들지 않는 모양이었다. 하기야 독서하는 사람들이 너무도 많으니 그럴 만도 하다. 하지만 나는 조금 다르게 보았다. 독서광은 많지만 독서에 관해서 자기만의 책을 쓸 수 있고 그것을 다른 사람들에게 가치 있게 표현할 수 있는 사람은 별로 없기 때문이다.

밥 먹고살 한 가지 재주를 찾아라

'열두 가지 재주 가진 놈이 저녁거리가 없다' 는 옛 속담이 있다. 무슨 뜻일까? 열두 가지나 되는 다양한 재주를 가지고 있지만 때를 잘못 만나서인지 저녁밥을 굶어야 할 상황이라는 말이다. 요즘 표현으로 '시장으로부터 인정' 을 받지 못하고 있다는 말로 바꿀 수 있다. 사실 우리 주위에는 이런 사람들이 너무도 많다. 할 줄 아는 것이 너무 많고 다재다능하다. 정보처리기사자격증부터 토목기사자격증까지 대여섯 개의 자격증은 기본으로 가지고 있다. 더 저미있는 사실은 그런 사람들이 아직도 자격증을 더 따기 위해 공부를 하고 있다는 사실이다.

열두 가지나 되는 재주를 가진 사람이 굶어야 할 판이라면 원인은 두 가지이다. 하나는 열두 가지 재주 중에서 정말로 다른 사람들에게 유용함을 제공할 수 있는 '탁월한' 재주가 하나도 없는 경우이고, 다른 하나는 열두 가지 재주를 가졌다는 사실을 아무도 모르고 있기 때문에 인정해주지 않는 경우이다. 예나 지금이나 두 가지 원인을 해결하지 못하면 프로페셔널이 되기 어렵다. 이것이 최근 자기계발 전문가들이 모두 '하나에 미치라' 고 말하는 이유다.

책을 많이 읽는 사람을 독서광이라고 한다. 미친 듯이 메모를 하고 다니는 사람을 메모광이라고 한다. 만화책을 좋아하는 사람을 만화광이라고 하고 영화를 좋아하는 사람을 영화광이라고 한다. '광' 이란 무엇인가를 아주 좋아하여 그것에 약간 미친 사람을 일컫는 표현이다.

그런데 얼마 전부터 나의 이름 앞에는 '독서광' 이라는 수식어가 붙기 시작했다. 책을 많이 읽기 때문이라는 이유도 있지만 무엇보다 《어느 독서광의 생산적 책읽기 50》이라는 책을 낸 탓이다.

이제 사람들은 나를 '독서광 안상헌'으로 부르고 있다. 아직 독서광이라는 타이틀이 낯설지만 싫지는 않다. 독서광이라는 타이틀이 붙고 난 이후 나를 설명하기가 쉬워졌을 뿐만 아니라 사람들이 나를 아주 쉽게 기억해주기 때문이다. 독서광이라는 타이틀은 나의 브랜드가 되었다.

파괴력 있는 브랜드

자신이 브랜드가 되면 좋은 점들이 많다. 일단 사람들이 쉽게 기억해준다. 그리고 그 분야에서는 최고의 인지도를 가지고 갈 수 있다. '책'이나 '독서'라는 단어가 사람들의 입에서 나오자마자 모두들 '안상헌'을 떠올릴 수 있다면 그것은 엄청난 파괴력이 있는 것이다. 사람들은 "콜라 주세요"라고 말을 할 때 당연히 '코카콜라겠지'라는 전제를 깔고 있다. 그것은 코카콜라가 최고의 브랜드이기 때문이다. 멀미가 나면 '키미테'를 사야할 것 같고, 피로할 때면 '박카스'를 마셔야 할 것 같다. 이것이 브랜드의 힘이다. 사람들의 무의식 속에 각인된 파괴력 있는 이미지! 이 얼마나 무서운 것인가.

그렇다면 어떻게 브랜드를 만들 수 있을까? 중요한 문제는 이것이다. 먼저 가장 쉬운 것부터 시작하자. 자신이 가장 자랑할 수 있고 내세울 수 있는 분야를 찾아내는 것이 급선무다. 그리고 그것에 집중해서 완전한 전문가가 되기 위해 다른 사람들로부터 미쳤다는 말을 들을 수 있을 정도로 하나에 빠져들어야 한다. 대충해서 되는 일은 없다. 완전히 미쳐야 한다. 그래서 사람들로부터 '광'이라는 말을 들을 수 있어야 한다.

실제로 광이 될 수 있는 분야는 무궁무진하다. 자신이 좋아하고 아끼는 분야라면 뭐든 가능하다. 그 분야에서 미칠 수만 있으면 아무 상관이 없다. 미치지 못하면 사람을 감동시킬 수 없다. 감동이 없는 것은 매력이 없다. 결국 다른 제품들과 전혀 다를 것이 없는 밋밋한 상태가 된다.

열두 가지 재주를 가졌지만 모두 어중간한 수준이라면 문제가 된다. 열두 가지 재주는 필요 없다. 단 하나의 재주로 충분하다. 대신 그것을 아주 특별히 잘해야 한다. 사람들이 당신의 재주를 보고 몰려들 수 있어야 하는 것이다. 그것이 사람들의 감성을 자극하고 재미를 낳는다. 21세기에는 재미와 감동이라는 요소가 빠지면 죽은 상품이 된다.

자신의 분야를 정하고 미쳤으면 이번에는 그것을 알려야 한다. 자신만의 블로그, 카페, 홈페이지를 운용하는 것은 기본이고 그 분야의 전문가들과 오프라인 모임을 통해 교류하고 인맥을 형성하면서 이름을 노출시켜 나가는 것이 좋다. 가능하다면 신문이나 잡지에 기고도 하고 자신만의 책도 써야 한다. 자신의 실력을 어떻게 보여줄 수 있을지를 고민하다보면 다양한 방법들이 속속 떠오를 것이다.

사람들에게 재미와 감동을 줄 수 있는 실력 그리고 인지도. 두 가지가 브랜드의 핵심이다. 두 가지를 잘 관리하는 것이 한 가지 재주로 열두 가지 재주를 무색하게 만드는 원동력이다. 다른 사람들로부터 평소에 미쳤다는 이야기를 듣는 분야는 무엇인가? 없다면 지금부터 찾아보자. 늦은 시간이란 없다. 먼저 출발했다고 먼저 도착하지는 않는다.

1. 다른 사람들에게 미쳤다는 이야기를 들을 수 있는 분야를 찾는다.

2. 자신을 가장 잘 설명할 수 있는 개성 있는 수식어를 만든다.

3. 제공하는 서비스의 품질을 최고로 유지한다.

4. 고객인지도를 높여나간다.

5. 감동의 경험을 남긴다. 열 명의 고객에게 평균적인 서비스를 제공하는 것보다 한 명의 고객에게 감동적인 서비스를 제공하는 것이 열 배는 낫다.

아이디어
구체화시키기

누구나 할 수 있는 일

사이먼 앤 가펑클의 멤버였던 플 사이먼(Paul F. Simon)은 아프리카 토속음악을 주제로 새로운 음반을 낸 적이 있다. 유명한 음악가가 새 앨범을 냈으니 방송에서 주요 이슈로 다루는 것은 당연했다. 그런데 생방송 도중 평소 사이먼을 좋게 생각하지 않던 앵커가 아프리카 토속음악을 주제로 음반을 만드는 일은 누구나 할 수 있는 것 아니냐고 비꼬는 투로 말했다. 그 말을 들은 사이먼은 이렇게 말했다.

"당연히 누구나 할 수 있는 일이었습니다. 하지만 정작 실천에 옮긴 사람은 저 하나뿐입니다."

아이디어 만들기

누구나 가끔은 자신의 일에서 변화와 발전을 줄 수 있는 좋은 아이디어들을 떠올린다. 하지만 문제는 이런 아이디어들을 구체화시키지 못하고 그냥 생각만으로 끝난다는 데 있다. 아무리 좋은 아이디어라도 기록하고 구체화시키지 않으면 사라지기 마련이다. 그래서 요즘은 아이디어라고 생각되는 것은 일단 기록하고 구체화시키는 버릇이 생겼다. 거기에 한 술 더 떠서 아예 괜찮은 아이디어들을 만들어낼 수 있는 생각의 공간을 만들기에 이르렀다.

언제부터인지 나는 하루 중에서 생각하는 시간을 따로 확보해두고 있다. 바로 출퇴근시간이다. 출퇴근을 위해서 이동하는 시간 중에는 30분 정도 걷는 시간이 있는데 그때가 나에게는 생각하기에 더할 나위 없이 좋은 시간이다. 그 시간을 통해서 많은 아이디어를 얻은 탓에 최근에는 아예 그 시간 외에도 하루의 20~30분 정도를 일하지 않고 생각만 하는 시간으로 배분했다. 그리고 그 시간 동안은 아무것도 하지 않는다. 그냥 앉아 있거나 느리게 걷거나 하늘을 본다. 그것만으로 충분하다고 생각하며 쉰다. 그러다 보면 좋은 생각들이 떠오른다. 그때 그걸 적어두기만 하면 된다.

아이디어를 구체화시키는 의지력

좋은 아이디어는 일단 적어두어야 한다. 그래서 항상 수첩을 가지고 다닌다. 수첩이 없으면 손바닥에라도 적어야 한다. 일단 간단히 메모를 하고 적어두는데 가만히 적어둔 것을 읽다보면 새로운 생각들이 꼬리를 물고 이어진다. 구체화되는 것이다. 그것과 관련된 다양한 생각들이 떠오르고 실행 방법도 생각난다. 이것 역시 상세히 기록해둔다. 기록해둔 것이 어느 정도 실현 가능하다는 생각이 들면 이번에는 주위의 의견을 들어야 한다.

친구나 동료, 전문가, 인터넷 검색 등을 통해서 괜찮은 아이디어인지 의견을 듣다보면 생각이 좀더 구체화되고 현실성 있는 상세한 아이디어로 연결된다. 내가 생각하지 못했던 다양한 영역으로, 미래의 생산적 가치로, 구체적 이익으로, 고객의 욕구로 아이디어가 확장된다. 그리고는 언제 적용할 것인지를 결정하고 실행에 옮긴다.

물론 실행하다보면 생각지도 못한 오류가 발견되기도 하고, 능력에 부쳐서 더 이상 진전이 되지 않는 경우도 생긴다. 그럴 때 스스로의 느낌을 통해 포기할 것은 포기하고 더 진척시킬 것은 밀고 간다. 실제로 이렇게 해서 많은 책을 썼고 많은 교육프로그램들을 만들었다. 버스 안에서 떠오르는 작은 아이디어를 놓치고 흘려보냈던 시절에는 그 중요성을 알지 못했지만 이제는 충분히 알게 되었다. 사람에게 필요한 것은 아이디어가 아니라 그것을 구체화시킬 의지력이라는 사실을.

우리는 아이디어를 다루는 전문가가 되어야 한다. 어떻게 하면 자신의 아이디어를 잊지 않고 기억할 수 있고 실용화, 구체화시켜서 가치 있는 상품으로 만들 수 있는지에 대해 스스로의 노하우를 가져야 한다. 그것이 전문가의 요건이다. 스스로 가치를 생산하지 못하는 전문가는 전문가가 아니다. 사람들에게 이익과 감동과 에너지를 줄 수 없는 전문가는 인정받지 못한다. 하나의 상품을 생산한 후에는 또다시 그것을 업그레이드하고 새로운 추가 상품들을 만들어내야 한다. 그러기 위해서는 아이디어를 기록하고 확장하며 행동으로 옮기는 의지가 반드시 필요하다.

즉시 구체화시키고 실천한다

아이디어들 중에는 시류를 타는 것이 있다. 지금 급하게 실행에 옮기지 않으면 할까 말까를 고민하는 사이 시간의 이익은 사라지고 아이디어의 힘은 퇴색되어 버린다. 그래서 시간이라는 자원을 고려해서 즉시 실행해야 한다는 판단이 들면 모든 과정을 생략하고 일단 실행부터 해야 한다. 앞으로는 이런 즉시성과 유연성이 더욱 중요한 역할을 하게 될 것이다. 시간은 누구에게나 충분히 주어지지만 아무에게나 넉넉하지는 않다. 미래사회는 1초를 다투는 시간 싸움이 더 치열해질 가능성이 높다.

우리에게 주어진 창의성이라는 숙제는 아이디어의 부재라기보다는 구체화에 대한 실패에 있다. 어떻게 하면 잘할 수 있을까를 생각하는 사람들에게 아이디어는 언제든 떠오른다. 하지만 떠오른 아이디어를 실행으로 구체화시키지 않으면 아무런 결과도 얻을 수 없다. 예전과 다르게 행동하지 않으면 얻을 수 있는 결과물은 항상 같다.

많이 행동할수록 많이 경험할 수 있다. 많이 경험할수록 많이 배울 수 있다. 많이 배울수록 더 좋은 방법들을 알 수 있다. 더 좋은 방법들을 알면 보다 현명하게 행동할 수 있다. 더 현명하게 행동하면 당연히 목표에 보다 빨리 접근할 수 있게 된다. 문제는 아이디어 부족이 아니라 구체화시키는 의지와 행동의 부족이다.

아이디어를 구체화하라

1. 아이디어를 위해 생각할 시간과 장소를 만든다.

2. 항상 메모한다.

3. 구체화시키고 적용한다.

4. 아이디어를 구체화시켜 시장에 내놓을 때는 타이밍을 살핀다.

5. 아이디어는 누구나 있다. 그러나 그것을 행동으로 옮기는 일은 누구나 할 수 있는 것이 아니다.

귀찮아서

중학교를 졸업하지 못하고 중퇴한 후배가 있다. 그는 자신이 학교를 제대로 다니지 못했다는 점이 전혀 아쉽지 않고 지금 이대로의 자신에 대해 큰 불만이 없다고 말하곤 한다. 광고업체에서 일급을 받고 일하지만 그래도 일이 있어서 좋다고 말하는 긍정적인 성격이다. 그러던 그가 어느 날 갑자기 이런 말을 했다. 

"나는 형과 저의 차이가 뭔지 압니다."

"뭔데?"

"나는 책을 읽어도 그 내용을 하나도 믿지 않아요. 책 내용이 모두 거짓말이라고 생각하거든요. 하지만 형은 그걸 믿어요. 책에 있는 내용을 믿고 그걸 그대로 실천하려고 하죠. 그것 우리의 차이예요."

"넌 왜 책 내용을 믿지 않는데?"

"귀찮거든요."

"무슨 뜻이야?"

"책을 믿으면 실제로 그렇게 해야 되잖아요. 그건 진짜 귀찮은 거예요. 그래서 아예 책을 안 읽어요."

믿지 않으면 소용없다

그의 말은 진실이었다. 그는 책을 거의 읽지 않았고 읽는다고 해도 그 내용을 믿지 않았다. 가끔 TV에서 나오는 뉴스기사들을 접하면서도 그들이 말하는 것 외에 다른 무슨 꿍꿍이가 있다는 투로 말하곤 했다. 녀석의 말대로 믿지 않으면 편하다. 게으르고 귀찮으며 부족한 자신을 방어하기에 좋다.

많은 사람들이 성장과 발전을 위해서 책을 읽는다. 특히 요즘은 자기계발서들이 무척 인기다. 처음 자기계발서를 접한 독자들은 '나도 이렇게 해보고 싶다'는 생각을 하며 긍정적인 자극을 받는다. 하지만 계속해서 여러 권을 반복해서 읽다 보면 그 내용이 그 내용인 것 같이 여겨진다.

'긍정적으로 생각해야 성공할 수 있다', '인내 없이는 아무것도 이루어지지 않는다', '좋은 습관을 가져야 운명이 바뀐다' 등으로 요약되는 대동소이한 내용인 것 같아 실망한다. 그와 동시에 책에서 의지를 얻지 못하고 방심하는 마음이 둥지를 튼다.

같은 이야기도 반복해서 들으면 재미가 없어지고 듣기 싫어진다. 그래서 좀더 자극적이고 화끈한 책을 찾게 된다. 하지만 자신의 문제를 정확하게 해결해줄 수 있는 책은 더 이상 찾을 수 없다. 왜냐하면 점점 책을 믿을 수 있는 능력을 잃어가기 때문이다. 자극적인 것을 찾아다니는 버릇이 스스로 문제를 해결할 행동력을 감쇄시킨다. 그 결과 답은 많지만 그것이 답이라는 사실을 믿지 못하게 된다. 믿지 못하면 행동하지 않는다. 행동하지 않으면 얻을 수 없다. 얻을 수 없으니 또다시 믿지 못한다. 악순환은 반복된다.

믿음은 능력이다

당신은 수많은 책을 읽으면서 믿을 수 있는 능력을 키워왔는가? 혹 이 책과 저 책의 차이점만을 찾아내려고 두리번거리지는 않았는가? 책을 개선의 기회로 생각하지 않고 지식의 제공처로만 생각하고 있지는 않은가? 지금 읽고 있는 이 책을 믿고 있는가?

믿지 않으면 아무런 소용이 없다. 믿지 않으면 실천의지가 생기지 않는다. 이것을 그대로 실천하면 그만큼의 결과가 나올 것이라는 믿음이 없는데 실천할 이유가 없다. 아침에 일찍 일어나서 20분이라도 책을 읽으면 정신이 맑아지고 하루가 즐거워진다는 사실을 믿지 않는 사람에게 아침 독서는 고통이다. 실천될 수 없는 강요에 가깝다.

무엇인가를 믿을 수 있는 것은 능력이다. 동료를 믿고 후배를 믿고, 지금 읽고 있는 내용의 글들을 믿는 것은 능력이다. 다른 사람이나 책의 내용을 믿지 못한다는 것은 자신을 믿지 못한다는 것과 같다. 다른 사람의 말이나 책의 내용이 옳은지를 검증하기 위해서는 그만큼 행동으로 확인해보아야 한다. 그러기에는 당신은 이미 너무 게으르다. 그 게으름으로 인해 당신이 스스로를 믿지 못하게 되었다. 스스로를 믿지 못하기 때문에 책의 내용도 믿을 수 없게 된다. 자신을 의심하는 사람은 다른 사람도 믿지 못한다.

다행히도 나는 책을 읽으면 책의 내용을 믿었다. 필요한 행동을 계속하면 원하는 결과가 나온다는 사실을 믿었고, 새로운 생각을 만들기 위해 노력하면 더 괜찮은 아이디어가 나온다는 사실을 믿었다. 덕분에 의심하는 동안 생기는 에너지의 방전을 최소화할 수 있었고 보다 효과적으로 원하는 목표에 접근할 수 있었다.

하나로 통하면 막힘이 없다

스님들에게는 화두(話頭)라는 것이 주어진다. 그리고 그 화두는 평생에 걸쳐 자신을 깨우치는 중요한 방법이 된다. 훌륭한 스님들은 하나의 화두로 자신과 세상을 풀어내고 큰 깨달음을 얻는다. 모든 길은 통하는 법이다. 하나를 통해 세상을 통하면 막힘이 없다.

반면 우리는 여러 길을 마구 간다. 이쪽이 빠르게 보이면 이쪽으로, 저쪽이 편안해 보이면 저쪽으로, 그렇게 우왕좌왕하다가 길을 잃는다. 길을 잃은 자에게는 어디로 가든 똑같다. 하나의 길을 가지 못한다. 그곳으로 가면 자신이 원하는 곳에 도달할 수 있다는 믿음이 없다면 모든 길은 미로일 뿐이다. 세상은 믿음이 만드는 길로 이루어져 있다.

우리의 마음속에는 두 개의 자신이 들어 있다. 하나는 믿음이고 하나는 의심이다. 또한 긍정이거나 부정이기도 하다. 강한 자아와 약한 자아, 용기와 두려움이 반복해서 다투고 있다. 이 갈등에서 어느 쪽이 승리하느냐가 자신의 성취를 좌우한다. 가능하다면 믿음과 강함과 용기가 승리하도록 만드는 것이 현명한 선택이다. 내가 나를 비하하고 자괴감에 빠져있는 한 어느 누구도 나를 사랑해줄 수 없다.

《임제록(臨濟錄)》에 이런 글귀가 전한다.

"그대들은 믿음이 부족하기 때문에 오늘 갈등하는 것이다… 믿음이 부족한 사람은 결국 깨달을 날이 없을 것이다."

> **믿지 못하는 이유**
>
> 1. 믿으면 그대로 행동해야 하기 때문에.
>
> 2. 자신보다 나은 면이 있다는 사실을 인정하고 싶지 않아서.
>
> 3. 비슷한 자극에 너무 많이 노출되어서.
>
> 4. 기분이 나빠서.
>
> 5. 생각이 너무 많아서.

주먹구구형에서 타깃형 자기계발로

불안해서

자신의 가치를 실현할 수 있는 뚜렷한 목표를 정하지 못하고 있던 시절이 있었다. 영어학원을 다니기도 했고, 컴퓨터학원을 다니며 전문프로그래밍언어를 배우기도 했고, 자격증을 따기 위해 늦깎이 수험생이 되기도 했다. 물론 큰 성과는 없었다. 뚜렷한 목적의식이 없이 시작했기 때문이었다. 지금 생각해보면 이것을 반드시 해야 하고, 하고 싶다는 의식이 없이 무엇인가 해야만 한다는 강박관념과 불안감에서 시작된 몸부림 같은 것이었다.

주먹구구식 자기계발을 멈추자

직장인의 72%는 자기계발을 위해 학습을 하거나 자격증을 준비하는 등

미래를 위한 준비활동을 하고 있다고 한다. 구체적인 자기계발의 분야들을 살펴보면 영어나 외국어 학습이 단연 1위에 꼽힌다. 어떤 식으로든 외국어 능력은 승진과 이직 등에 도움이 될 것이라는 믿음 때문이기도 하고 회사의 강력한 요구 때문이기도 하다.

그 다음으로 뛰어드는 분야는 컴퓨터에 관한 것이다. 기술이 순식간에 변하면서 컴퓨터 분야는 어제의 기술이 오늘의 상식이 되고 내일이면 폐기되어야 하는 상황에 이르고 있다. 계속 배우지 않으면 언제 뒤처질지 모른다는 생각이 드는 것도 무리가 아니다. 외국어와 컴퓨터 외에 각종 전문자격증시험을 준비하거나 전문기술을 습득하기 위한 기술학원을 다니는 경우도 많다.

샐러리맨(Salaryman)과 스튜던트(Student)의 합성어인 샐러던트(Saladent)라는 신조어가 유행인 것도 충분히 이해간다. 지식이 부의 중식이 될 것으로 기대되는 사회에서 끊임없는 학습과 자기계발을 하지 않으면 살아남을 수 없는 것이 사실이다. 또 그렇게 자신을 계발한 사람들이 나름대로의 성공가도를 달리고 있는 것은 사실이다. 하지만 투입 대 산출이라는 점에서 볼 때 직장인들의 자기계발은 그렇게 생산성이 높지 않다. 별도움이 되지 않는 주먹구구식 투자인 경우가 대부분이기 때문이다. 자기분야에서 일가를 이룬 사람들의 자기계발법은 주먹구구식이 아니라 정확한 목표를 한 곳에 집중시키는 타킷형 자기계발이다.

배우는 목적을 명확히 하라

주먹구구식 자기계발의 문제는 그것을 배워서 어디에 사용할지도 모른다는 데 있다. 어디에 사용할 것인지 정하지도 않은 채 배우는 것은 자신의 꿈과 그것을 위한 준비에 일관성이 없다는 의미이기도 하다. 꿈을 이루는 데 어떤 도움이 될 것이며 어떤 부분에서 공헌을 할 것인지에 대한 청사진이 없기 때문에 배움이 무의미해진다. 당연히 능률도 오르지 않는다. 토마스 에디슨(Thomas A. Edison)의 말처럼 "기억이나 지식이 불분명해지는 까닭은, 관찰 방법이 확립되어 있지 않기 때문이다." 관찰 방법이 확립되기 위해서는 배우는 목적이 명확해야 한다.

그런 면에서 책을 가장 효과적으로 읽는 법은 그것을 통해 무엇을 할 것인가를 명확히 해두는 것이다. 어디에 사용할 것이며 어떤 사람들에게 소개할 것인지 등이 명확해야만 그 책에서 얻을 수 있는 것을 찾아낼 수 있다. 이런 키워드를 가지지 못한 책 읽기는 소일거리에 지나지 않는다.

컴퓨터 프로그래밍언어를 배우면서 느낀 것 또한 마찬가지다. 어떤 프로그램을 만들어서 어디에 사용할 것인지를 미리 생각하면서 배우지 않으면 너무나 다양한 프로그램 방식 때문에 효과적으로 배울 수가 없다. 그래서 자기 나름의 가상적인 사용처와 목적을 명확히 한 후에 시작해야 빠르게 제대로 배울 수 있다.

영어와 각종 자격증을 준비하는 것도 마찬가지다. 어디에 사용할 것인가에 따라서 무엇을 배워야 할 것인지 구체적인 영역이 정해진다. 그 영역이 구체적이고 명확할수록 빨리 효과적으로 배울 수 있게 된다. 전화상담에 필요한 영어인지, 무역실무에 필요한 영어인지, 해외여행을 위해 필요한 영어인지를 확실히 하는 것은 영역을 좁혀서 학습의 효과를 높이고 배우는 즐거움을 맛보게 한다.

모든 것을 다 잘할 수는 없다

직장인들의 문제점은 자신에게 무엇이 필요한지 정확히 모른다는 점과 모든 것을 다 잘하려고 한다는 것이다. 컴퓨터부터 인간관계, 기획까지 모든 것을 다 잘해야 하고 잘하고 싶어한다. 남들보다 앞서가야 한다는 위기감의 산물이기도 하고, 우리가 자라오면서 배웠던 학습 방식이 그대로 회사생활에 이어진 까닭이기도 하다.

한국식 교육의 특징은 모든 것을 잘하도록 만드는 데 있다. 초등학교 때부터 영어, 수학, 음악, 미술, 체육, 한문까지 다양한 교육을 시킨다. 그리고 학생들의 등수를 결정하는 방법은 그 평균을 적용하는 것이다. 모든 과목을 잘해야 좋은 성적을 받을 수 있다. 한 과목이라도 점수가 낮으면 우등생이 될 수 없다.

그래서 부모들도 만능아이로 만들기 위해 노력한다. 학교 공부로 부족해서 학원에서 수련원으로, 캠프로 아이들을 내몬다. 아이의 재능을 발견하고 그 재능에 맞는 적절한 교육법들을 찾아가는 것이 아니라 좋은 대학에 들어가기 위해 필요한 모든 것을 준비시키고자 한다. 이런 만능맨을 만드는 분위기에서 자란 사람들은 직장에서도 만능이 되어야 한다고 믿으며 만능이 되기 위해 오늘도 자신을 몰아붙인다.

그 결과는 재미있게도 만능이 아니라 불능인간의 탄생이다. 도대체 모든 것을 잘하려고 하는 사람이 모든 것을 잘할 수 있을까? 모든 고객을 만족시키려고 했던 사람이 모든 고객을 만족시킬 수 있을까? 모든 상사들의 마음에 들도록 행동하는 사람이 모든 상사의 사랑을 차지할 수 있을까? 모든 일을 혼자서 다 해결하려던 사람이 모든 것을 다 해결한 적이 있는가?

그것은 과욕이며 과욕은 무능으로 드러날 수 있다. 특별히 못하는 분야는 없지만 특별히 잘할 수 있는 분야도 없다면 그것은 무능에 가깝다. 반면 자기 분야에서 특출한 능력을 발휘하는 사람은 다른 부분은 취약해도 큰 문제가 되지 않는다. 어차피 취약한 부분은 다른 사람이 메워갈 것이다. 그리고 탁월한 한 부분이 그의 취약점들을 메워줄 것이다. 과욕은 금물이다.

만능인간은 답이 아니다

피터 드러커는 말한다.

"확실히 요즘은 너무나 전문화되어 가고 있는데 특히 대학사회가 가장 심하다. 그러나 전문가에게 '인문교육'을 강화하여 '만능인간'으로 만드는 것이 치유책은 아니다.(나 역시 수년간 그것을 옹호하였지만). 그것이 효과가 없다는 것을 우리는 알았다. 전문가들은 전문가 역할을 할 때만 효과를 낸다. 지식근로자는 효과를 얻도록 힘을 발휘해야만 한다. 최고로 유능한 지식근로자는 한정된 범위의 전문가가 되는 것 이외에 다른 어떤 것이 되기를 바라지 않는다."

시절이 바뀌었고 상식이 풍부한 사람이 성공하던 시대는 지나갔다. 모든 것을 잘하려는 욕심을 버려야 한다. 대신 명확한 자기 분야에 대해서는 잘하려는 욕심을 가져야 한다. 어느 쪽이 내가 집중해야 할 분야인지를 알고 그것에 집중하는 것이 타킷형 자기계발의 핵심이다. 그러기 위해서는 배우는 목적이 분명해야만 한다.

05

일의 의미를 가진
진정한 전문가

쟁선공후(爭先恐後)

《한비자(韓非子)》에 최고로 인정받던 말 부리기 전문가 왕오기라는 사람이 주군의 아들인 조양자에게 말 타는 재주를 가르치는 이야기가 나온다. 스승 왕오기로부터 최고의 말 타는 재주를 전수받은 조양자는 이만하면 충분히 배웠으며 스승을 능가할 수 있을 것이라고 판단하고 스승에게 시합을 청한다. 그러나 세 번이나 말을 바꿔서 시합을 했는데도 모두 패하고 만다. 이에 화가 난 조양자는 왕오기에게 자신에게 말 타는 재주를 모두 가르쳐주지 않은 것 같다고 따져 묻는다. 그러자 왕오기는 조양자가 자신과의 시합에서 이길 수 없었던 까닭을 상세히 들려준다.

"기술은 다 가르쳐드렸습니다. 하지만 그것을 사용하는 방법이 잘못되었습니다. 무릇 말 타는 것에서 중요한 것은 말의 몸이 수레에서 편안한 것과 사람의 마음이 말과 조화를 이루는 것입니다. 그런 뒤에라야 멀리까지 빨리 달릴 수 있습니다. 지금 당신께서는 저보다 뒤처지면 저를 따라잡으려 하시고 저보다 앞서면 저에게 따라잡힐까 걱정하십니다. 멀리까지 가려고 경쟁할 때에는 앞서지 않으면 뒤처지게 마련입니다. 앞서든 뒤떨어지든 그 마음이 오직 제게 있으니 어떻게 당신이 말과 조화를 이루며 달릴 수 있겠습니까? 이것이 저에게 번번이 지시는 까닭입니다."

왕오기의 지적은 경쟁자에게 신경을 쓰느라고 정작 조양자 자신이 그 일을 왜하며 어떻게 잘할 수 있는지에 대한 자기만의 핵심역량을 만들어가지 못했다는 것이었다. 기술은 배울 수 있지만 그 정신은 배울 수 없었던 것이다.

일과 하나가 되자

고객만족에 대한 강의를 들은 적이 있다. 강의의 주된 내용은 '어떻게 하면 고객들에게 호감을 줄 수 있을 것인가' 하는 것이었다. 고객을 대하는 상세한 기법들에 대해서 사례를 들어가며 설명하려는 강사의 노력이 돋보였다. 그런데 뭔가 빠진 것이 아닌가 하는 생각이 들었다. 사실 고객만족에 대한 강의를 한다기에 약간의 기대를 가지고 있었다. 왜 고객만족을 해야 하는지에 대해서 강사로서 자신만의 해답 하나 정도는 가지고 있을 것이라고 믿었고 그것을 들어보고 싶었다. 그래서 강의가 끝날 때 쯤 이런 질문을 던졌다.

"고객을 만족시킬 수 있는 좋은 기법에 대해서 많이 배울 수 있어서 좋았습니다. 그와 덧붙여서 혹시 왜 우리가 고객들에게 친절하게 대하고 그들을 만족시키기 위해서 애써야 하는 이유에 대해서 일선 접점에서 근무하는 직원들에게 설명하신다고 생각하시고 잠시 들려주셨으면 합니다.”

순간 강사의 얼굴이 붉어졌다. 그리고 아주 긴 대답이 이어졌다. 하지만 답변의 핵심이 무엇이었는지 전혀 기억이 없다. 이런저런 이야기를 장황하게 하긴 했는데 묻는 질문에 대한 답이 아니라 엉뚱한 대답들이었기 때문이다. 결국 나는 충분히 이해했다는 뜻으로 고개를 가볍게 끄덕이고 말았다. 더 이상 들을 내용이 없다는 것을 알았기 때문이었다.

자기 분야에 최고가 되겠다는 사람은 남들과 다른 무엇인가가 있어야 한다. 그 남들과 다른 무엇이란 기술력도 아니고 최첨단 기계를 소유하는 것도 아니며 많은 자본을 들이는 것도 아니다. 그것은 자신이 그 일을 하는 이유를 명확히 밝히는 것이다. 자신이 그 일을 하는 이유를 아는 사람이야말로 진정으로 그 일을 할 수 있는 자격이 있는 사람이기 때문이다. 《대학(大學)》에 이르기를 “마음이 있지 않으면 보아도 보이지 않고 들어도 들리지 않으며 먹어도 그 맛을 알지 못한다”고 했다. 자신의 마음이 그곳에 있지 않으면 진실을 올바로 볼 수 없다. 그리고 진실을 볼 수 없기에 그것을 제대로 하지 못하게 된다.

고객만족에 대한 강의를 하는 사람이라면 왜 자신이 고객만족에 대한 강의를 하는지 알아야 한다. 그러자면 당연히 고객을 왜 만족시켜야 하는지 말할 수 있어야 한다. 농사를 짓는 일을 한다면 왜 농사를 짓는지 알아야 하고, 마케팅을 한다면 왜 마케팅에 뛰어들었는지를 알아야 한다. 그렇지 못하면 장사치로 전락한다. 장사치가 되어서는 절대 자신의 분야에서 최고가 될 수 없다. 장사꾼인지 철학자인지는 잠깐의 만남으로도 쉽게 알 수 있다. 사람들은 이익을 남기려는 사람이 아니라 가치 있는 일을 하는 사람과 만나기를 원한다.

조양자가 왕오기에게 모든 것을 배웠지만 이길 수 없었던 이유는 말 타는 것을 통해 상대방을 이기려고만 했을 뿐 자기만의 목적을 가지고 있지 못했기 때문이었다. 자신이 말을 타는 이유를 아는 사람은 말과 하나가 되기 위해서 자신이 무엇을 해야 하는지를 알게 된다. 남과의 경쟁에 몰두하는 것이 아니라 오로지 자기 일과 하나가 되기 때문에 그 일의 모든 것을 알게 된다.

우리의 일도 그와 같다. 필요한 기술들은 스승과 책, 경험을 통해서 모두 배울 수 있다. 필요한 최첨단의 장비들은 돈을 들이면 갖출 수 있다. 그러나 일의 가치와 의미, 그것에 담긴 정신은 배울 수도 없고 살 수도 없다. 오직 스스로 깨우쳐야만 한다.

삶의 의미를 가져라

태권도 학원을 다니면 발차기 기술은 배울 수 있다. 그러나 태권도의 정신은 스스로 깨쳐야만 한다. 붓글씨는 잘 쓰는 방법은 학원을 다니면 배울 수 있다. 그러나 서체에 들어 있는 정신은 스스로 깨쳐야 한다. 마케팅에 필요한 최첨단 기술과 스킬들은 교육과 학습을 통해 배울 수 있다. 그러나 마케팅을 하는 진정한 이유는 스스로 찾아내야만 한다.

이것이 최고가 되기 위한 핵심 조건이다. 자신이 왜 그것을 하는지에 대한 해답을 스스로 찾아야 한다. 그렇지 못하면 우리는 절대 일과 하나가 될 수 없다. 일과 하나가 되지 못하면 남들과 비슷한 기술과 수단으로 생계를 유지하는 정도의 범부로 생을 마감하게 된다. 복잡하고 어려운 일에 몰입하는 과정에서 자신이 좀더 강해지고 성장함을 느끼기 때문이다. 빅터 프랭클(Viktor E. Frankl)은 이렇게 말한 적이 있다.

"오늘날의 많은 사람들은 삶의 수단은 가지고 있지만 삶의 의미는 가지고 있지 않다."

일을 삶의 수단이 아닌 의미로 바라볼 때 우리는 진정한 전문가가 될 수 있다.

06

전문가는 자신만의 책을 준비한다

전문가의 증거

한 분야의 전문가로 인정받기 위해 가장 효과적인 방법은 무엇일까? 자격증을 얻는 것일까? 학위를 받는 것일까? 그것도 아니라면 TV에 나오는 것일까? 모두 괜찮은 방법이기는 하다. 하지만 아주 효과적이라고 보기는 어렵다. 그런 방법은 지난날의 방법들이다.

나는 정보처리기사 자격증을 가졌지만 나를 정보처리 전문가로 인정해주는 사람은 없다. TV에도 출연했지만 출연을 했다는 이유로 전문가로 인정해주지는 않았다. 사람들은 자신의 눈으로 내가 전문가라는 사실을 직접 확인하기를 원했다. 자격증만으로는 전문가라는 믿음을 주기 어렵고, TV에 출연해서 전문가로 알려지는 것도 시간과 공간의 제약으로 인해 한계가 있다.

학위를 받는 것도 마찬가지다. 이제 박사학위는 넘쳐난다. 웬만하면 박사다. 회사를 둘러봐도 박사급이 수두룩하다. 그렇다고 그들이 그 분야의 전문가로 인정받는가? 아니다. 학위만 있고 현장의 살아 숨쉬는 경력이 없어 갑갑하게 느껴지는 사람도 많다. 학위와 함께 자신만의 능력이 있어야 하고 그것을 눈으로 보여줄 수 있어야 한다.

물론 자격증과 학위가 전문가라는 느낌을 주는 데 전혀 도움이 되지 않는 것은 아니다. 자격증과 학위는 권위를 더해주는 역할을 한다. 실력도 있는 데다가 학위까지 있다면 '역시 박사다워' 라는 말을 듣게 된다. 하지만 그 반대의 경우, '박사 명함만 있으면 뭐해… 실무는 젬병인걸' 이라는 말이 돌아온다.

책은 전문가의 징표

그렇다면 지금 시대에 가장 효과적인 방법은 무엇일까? 바로 책을 쓰는 것이다. 자신의 이름으로 자신만의 분야에서 자신만의 생각과 방식을 담은 책을 쓰는 것이다. 그것이 가장 빠르고 효과적인 방법이다. 왜 그럴까?

일단 자신이 한 분야의 책을 쓸 수 있게 되면 가장 먼저 자신감이 생긴다. 나도 해냈다는 자신감과 함께 스스로를 전문가로 인정하게 된다. 스스로를 인정하지 않고서는 결코 전문가가 될 수 없다. 자신이 믿지 않는 사람은 다른 사람들도 믿지 않는다.

책을 쓰게 되면 자신의 이름이 곧 브랜드가 된다. 회사의 이름이나 상호는 별 의미가 없다. 자신의 이름이 곧 품질을 말해주고 신뢰성을 대표한다. 그러다 보면 자신이 하는 일에 보다 충실해지고 전문성을 기해야 할 필요성을 느끼게 된다. 남들보다 더 많은 노력을 기울여야 하고 남들과는 다른 방식으로 문제를 해결하기 위해 새로운 시각을 찾으려 한다.

무엇보다 큰 효과는 사람들이 책을 눈으로 본다는 사실이다. 당신이 만든 결과물을 다른 사람들이 눈으로 확인하는 것이다. 사람들은 눈으로 보는 것을 믿는다. 백 번 주장하는 것보다 한 번 보여주는 것이 낫다. 자신의 눈으로 증거를 확인하도록 하는 것이야말로 사람의 마음을 변화시키는 최적의 방법이다. 이제 당신은 스스로 전문가라고 주장할 필요도 없다. 다른 사람들이 자발적으로 당신을 전문가로 인정해줄 것이기 때문이다.

책이 사회적으로 크게 성공한 사람이나 회사의 CEO 혹은 대학교수의 전유물이던 시절은 지났다. 누구나 책을 쓰고 출간하고 자신을 표현할 수 있을 만큼 책은 대중적인 수단이 되었다. 하지만 그 가깝고도 효율적인 수단을 어떤 사람들은 잘 이용하는 반면 어떤 사람들은 시도조차 못한다. 자신은 글 쓰는 재주가 없다고 미리 단정짓기 때문이다.

책 쓰는 비결

어떻게 하면 자기만의 책을 쓸 수 있을까? 먼저 많이 읽어야 한다. 많이 읽어야 문장력이 생기고 긴 글을 이어갈 수 있다. 말은 잘하면서도 글은 쓰지 못하는 사람이 많다. 그런 사람들의 특징은 말은 많이 했는데 책은 별로 읽지 않았다는 것이다. 책을 많이 읽으면 자연스럽게 문장력이 길러지고 표현력도 좋아진다.

읽는 것과 동시에 자신만의 방법으로 글을 쓰는 연습도 꾸준히 해야 한다. 글도 쓰면 쓸수록 는다. 책을 읽으면서 메모해두었던 좋은 문장들을 외워두면 큰 도움이 된다. 외운다는 것은 내용을 기억한다는 의미와 함께 문장의 구조를 익힌다는 드 가지 이점이 있다. 문장의 구조를 익히게 되면 비슷한 표현을 자유자재로 구사할 수 있을 뿐만 아니라 그 반대되는 상황에도 구조를 그대로 적용하여 아주 효과적으로 문장을 확장시킬 수 있다. 그래서 중요한 내용들을 외워두는 것이 좋다.

두 번째 준비는 분야를 세분화해서 자기만의 자료를 계속 축적해나가는 것이다. 아무리 글 솜씨가 좋아도 쓸 만한 내용이 없다면 아무것도 할 수 없다. 남들이 했던 말이나 일반상식에 가까운 것을 토해내서는 결코 좋은 책을 쓸 수 없다. 전문가들의 자료들은 물론이고 인터넷 자료와 일상의 경험들도 꾸준히 축적해나가야 한다. 그러다 보면 자연히 이것을 어디에 사용할지 알 수 있다. 그때 예전에 쌓아두었던 자료가 빛을 발하게 된다.

마지막으로 글 쓰는 방법들을 벤치마킹하는 것도 필요하다. 자신이 좋아하는 저자의 책을 해부해보는 것이다. 제목과 목차, 주제별 구성 방법, 그리고 글들의 배치, 인용문의 역할 등을 나누어서 배치를 살펴보는 것이다. 그러다 보면 글이 어떻게 만들어졌고 구성되었는지를 한눈에 알수 있게 된다. 일단 그런 구조가 눈에 익숙해지게 되면 다음에 자신의 글을 쓸 때 쉽게 구조를 만들 수 있다. 꼭 필요한 방법은 아니지만 글쓰기 강좌에 등록해서 전문가들의 조언을 얻는 방법도 도움이 된다.

일기나 편지, 감성노트 같은 것을 통해서 글쓰기 연습을 하는 것은 큰 도움이 된다. 그리고 글을 쓸 때는 글의 전개 흐름에 대해서 미리 스케치를 하듯 핵심 플로우를 도식화해두면 큰 도움이 된다. 주제에서 벗어나지도 않을 뿐 아니라 자기만의 글쓰기 패턴을 연습하고 만들어낼 수 있게 된다.

글을 쓴다는 것은 쉬운 일이 아니다. 하지만 무슨 일이든 처음이 어렵다. 처음을 이겨내고 자신만의 성과를 만들고 나면 문제는 순차적으로 풀리게 마련이다. 능력이 없다며 시도조차 하지 않는다면 그것이야말로 큰 실수다. 글을 잘 쓰고 싶다는 욕구를 키우고 꾸준히 훈련하면 기회는 반드시 올 것이다.

자기만의 책을 쓰기 위한 준비

1. 많이 읽고 많이 쓴다.

2. 분야를 세분화하고 자료를 축적한다.

3. 자신의 시각으로 자료를 재해석한다.

4. 좋아하는 저자의 책을 해부한다.

5. 글 쓰는 방법을 학습하고 자기만의 패턴을 연습한다.

07

회사의 고객을
나의 고객으로

직장인에게 중요한 일

빔프로젝트를 구입하기 위해서 공급업체에 전화를 했더니 담당자를 바꿔주었다. 5분여를 통화한 후에 내가 필요한 항목들을 점검하고는 괜찮은 제품이 있는지 확인 후 전화를 주기로 했다. 1시간 이내에 전화를 주기로 했는데 하루가 지나도록 전화가 오지 않았다. 다음날 다시 전화를 해서 전날 통화한 사람을 찾았더니 출장을 나가 지금은 연락이 불가능하다는 말을 들었다. 담당과장을 바꿔줘서 다시 담당과장과 10분에 가까운 통화를 했다. 그 역시 제품을 찾아보고 다시 연락을 주기로 했다. 하지만 하루가 다 지나도록 연락은 오지 않았다. 어쩔 수 없이 다시 전화를 걸어 담당과장을 찾았다. 과장은 이렇게 말했다.

"죄송합니다. 연락을 드린다는 것이 급한 일 때문에 그러지를 못했습니다. 조만간 다시 연락드리겠습니다."

어이가 없어서 이렇게 말했다.

"고객보다 더 중요한 일이 또 있습니까? 그 회사는 고객보다 더 중요한 일이 많은 곳인가 보군요."

되돌아온 담당과장의 말이 가슴에 남았다.

"저도 회사원이다 보니 어쩔 수가 없는 것 같습니다. 사실은 고객님께 먼저 전화를 드리려고 했었는데 윗선에서 중요한 일이 있다고 시키시는 바람에 그렇게 됐습니다. 저한테는 중요한 일이라서요."

그에게는 고객과의 통화약속보다 상사의 업무지시가 더 중요했던 것이다.

고객이 자신의 일을 방해한다

직장인들의 대부분이 고객들을 이런 식으로 대하고 있다. 자신의 진정한 고객이 누구라는 생각은 없고 상사의 지시만 눈앞에 보이고 들리기 때문이다. 직장인들은 회사의 고객들을 자신의 고객이라고 생각하지 않는다. 아니 회사의 고객과 자신의 고객이라는 개념이 별로 없다. 그래서 회사의 고객을 단순히 자신이 해야 할 일의 일부분으로 생각하고 대충 처리하려 한다. 그 결과 회사에서 맞이하는 고객을 귀찮은 존재로 생각하게 된다. 고객이 자신이 하는 일에 방해자라는 생각까지 든다. 그렇다면 도대체 자신의 일이 무엇이란 말인가?

콜센터에 근무하고 있다는 상담원으로부터 메일을 받은 적이 있다. 그녀는 자신의 일이 다른 사람에게 좋은 상담을 해주는 의미 있는 일이라기보다는 모두 귀찮은 일거리로 생각한다고 말했다. 그러면서 고객들은 모두 하나의 건수이자 실적의 대상이라고 규정했고 실적만 아니라면 전화를 최대한 적게 받고 싶다고 했다. 그녀는 실적 때문에 전화를 받으면서 회사의 고객을 귀찮아하고 그것 때문에 괴로워하고 있었다.

하지만 그녀는 중요한 면을 간과하고 있다. 모든 고객은 회사의 고객이기도 하지만 먼저 자신의 고객이기도 하다. 이 관점에 서지 않으면 직장인들은 결코 홀로 설 수 없다. 회사의 고객이라고 생각하는 한 회사가 시키는 일을 어쩔 수 없이 하는 수동적인 존재로 자신을 규정짓게 된다. 그 관점에서는 모든 일이 자기성장과 발전의 기회와는 거리가 먼 스트레스의 주범이 될 뿐이다.

고객관리가 승패를 좌우한다

그렇다면 왜 회사의 고객이 개인의 고객인 것일까? 자신의 집에 손님이 찾아왔다고 가정해보자. 자신이 주인이라면 당연히 주인처럼 손님을 맞이하고 대접할 것이다. 반대로 자신이 주인이 아니라면 어떻게 손님을 맞이해야 할지 모르거나 다음에 주인이 있을 때 오라며 마치 하인처럼 말한 후 돌려보내게 될 것이다. 이것은 자신의 일에서도 마찬가지다. 회사의 일을 자신이 주인공인 것처럼 하라는 말이 아니다. 자신의 일을 자신이 주인인 것처럼 하라는 말이다.

회사에서의 고객은 다양한 의미가 있다. 고객을 맞이하면서 다양한 것을 배울 수 있기 때문이다. 그들이 원하는 것이 무엇이고 어떻게 응대하는 것이 효과적이며 내가 어떤 태도를 가졌을 때 그들이 만족하는가를 살펴볼 수 있다. 그리고 거기에 필요한 것들을 배우고 연습하고 학습

    이기적인 직장인 ■

할 수 있다. 대학에서는 배울 수 없는 것을 회사에서는 배울 수 있다. 그 대표적인 것이 바로 고객을 만나고 적절히 응대하는 방법에 관한 것이다. 현대 사회에서는 당신이 무슨 일을 하든 항상 고객이 따라다닐 것이다. 고객이 없는 일은 존재할 수 없다.

직장인과 자영업자의 차이

직장인과 자영업자의 극심한 차이는 고객을 바라보는 관점에서 온다. 직장인에게 고객은 귀찮은 존재일 뿐이지만 자기 사업을 하는 사람들에게 고객은 자신의 생명줄과 같은 귀한 존재다. 자영업자들은 진정으로 고객중심적이고 자신의 모든 노력을 다해서 고객을 대한다. 반면 직장인들은 매달 고정된 월급을 받고 있기 때문에 고객을 주인의 입장에서 대하지 못한다.

중요한 것은 자신이 고객을 주인된 입장에서 대하지 않으면 고객이 이익을 제공하지 않는다는 점이다. 주인이 아닌 사람에게 물건과 서비스를 요구하는 바보는 없다. 이것은 태도의 문제와 관계가 있다. 모든 것은 주도적으로 접근하는 사람과 그렇지 못한 사람의 차이다. 자신이 주도적으로 문제를 접근할 때 배움을 얻을 수 있다. 회피하는 사람에게는 배움도 의미도 주어지지 않는다.

먼저 자기 자신의 주인이 되어야 한다. 그러면 비로소 세상이 문을 열어줄 것이다. 그러기 위해서는 우선 찾아오는 고객들을 자신의 고객이라는 관점에서 바라볼 수 있어야 한다.

1. 고객이 무엇을 했을 때 좋아하는지에 대한 감각을 훈련할 수 있다.

2. 고객을 통해 자기 분야의 트렌드를 알 수 있다.

3. 긍정적이고 적극적인 태도를 유지하고 관리할 수 있다.

4. 회사에도 좋은 인상을 남길 수 있다.

5. 자신만의 충성고객을 확보할 수도 있다.

6. 자기 삶의 주인으로서의 태도를 훈련할 수 있다.

현명한 사람으로 주위를 채우는 방법

제자염어사(弟子染於師)

묵비사염(墨悲絲染)이라는 말이 있다. 묵자가 실이 물드는 것을 보고 슬퍼했다는 뜻이다. 흰 실에 검은 물이 들게 되면 다시 흰 실이 되기는 어렵다. 사람도 이와 같아서 한 번 나쁜 물이 들면 다시 맑은 마음을 가지기 어렵다. 묵자가 실이 물드는 것을 보고 슬퍼한 것은 사람의 마음과 성품 또한 그렇기 때문이다.

제자염어사라는 의미도 같은 것이다. '제자는 스승에게 물든다' 는 뜻이다. 어떤 스승을 모시느냐에 따라서 그 제자의 학문과 성품과 마음의 방향이 결정된다. 그 결과 제자는 스승의 지식만을 받아들이는 것이 아니라 스승 그 자체를 받아들이게 된다. 스승만 그럴까? 우리 주위에 있는 사람들 또한 마찬가지다.

지금 자신의 주위를 살펴보자

많은 사람들을 만나고 내 나름대로 삶의 지도를 그려가는 과정에서 절실하게 배운 것이 하나 있다면 바로 사람이 서로에게 미치는 영향에 관한 것이다. 우리는 각자가 독특한 개성을 가지고 있고 나름대로의 성품을 가지고 있다. 그리고 이 개성과 성품은 상대방에게 영향을 미치면서 변화하고 성장한다.

그래서 자신의 주위에 어떤 사람이 포진하고 있는지를 살펴보는 것이 중요하다. 내 주위에 신세한탄에 능하고 다른 사람을 비판하는 것을 좋아하는 사람들이 모여 있다면 나 또한 그들과 비슷한 방향으로 변해가고 있을 것이다. 내 주위에 배움을 즐기고 세상의 어둠 속에서도 마음의 불꽃을 지필 수 있는 사람이 모여 있다면 나 또한 그들처럼 배움과 열정의 방향으로 흘러가고 있을 것이다. 우리는 서로 물들고 물들이며 살아가기 때문이다.

그런 면에서 자기 스스로의 삶의 지도를 갖고 미래를 개척해 보다 높은 단계를 향하고 있다면 자신의 주위를 자신보다 더 열정적이고 창의적이며 올곧은 품성을 지닌 사람들로 채우려는 노력을 게을리 해서는 안된다. 보다 높은 단계의 능력과 인품을 지닌 사람일수록 다른 사람들에게 끼치는 영향력이 지대하기 때문이다. 낮은 단계의 능력과 인품을 가진 사람들은 주위 사람들에게 영향을 미치지 못하거나 혹은 부정적인 영향력을 행사하게 된다. 그 결과 주위를 어둡게 만들고 같이 가는 사람들의 길을 암흑으로 변하게 한다. 반면 높은 단계의 능력과 인품을 가진 사람들은 몇 마디 말만으로도 다른 사람들을 감흥시키고 용기를 주며 성장을 자극한다.

내 주위를 누구로 채울 것인가?

이제 자신의 주위를 누구로 채울 것인가에 대한 판단이 명확해진다. 자기 삶의 지도를 보다 현명하게 그릴 수 있게 돕고 그 길을 성실히 가도록 자극하는 사람들로 주위를 채우는 것은 자기경영의 핵심 방법 중 하나다.

그렇다면 어떻게 내 주위에 필요한 사람들을 채울 것인가? 가장 먼저 높은 단계의 능력과 인품을 가진 사람들을 얻기 위해서는 그들이 누구인지를 구별하는 눈을 가져야 한다. 사람을 보는 눈을 키워야 하는 것이다. 사람을 보는 눈을 키우는 가장 쉬운 방법은 그들이 누구에게 영향을 주고 있는지 살펴보는 것이다. 그 사람이 주된 영향을 끼치는 사람이 누군지를 보면 그의 인품이나 능력을 알 수 있다. 마찬가지로 그가 누구에게 영향을 받았는지를 보면 그와 주위인물들에 대한 판단이 용이해진다. 그도 우리와 마찬가지로 물들고 물들이기 때문이다.

다음 단계로 그가 훌륭한 리더라는 확신이 생겼다면 그를 찾아가야 한다. 좋은 사람들과 가까이 있기 위해서는 내가 그들에게 다가가는 방법밖에 없다. 그들이 찾아오는 것을 기다려서는 안 된다. 주도적인 사람이 먼저 얻는 법이다.

만나는 과정에서도 과연 내 주위에 있어야 할 사람인지를 판단해야 한다. 만나면 자극받고 고무되는 사람이라면 그는 반드시 필요한 사람이다. 그를 만나면 창의적인 아이디어를 얻게 되거나 생각이 보다 진전된다면 또한 나에게 필요한 사람이다. 그를 만나면 숙연해지거나 보다 깊은 바다에 들어와 넉넉해지는 느낌이 들거나 높은 하늘에 올라 세상을 굽어보는 눈을 느끼게 된다면 그는 나에게 큰 눈이 되어줄 사람이다.

반대로 일상의 사소함에 매몰되는 대화가 계속되거나 부정적인 감정들을 자극해서 내 시야가 좁아진다면 그는 스쳐지나가는 바람 같은 사람이다. 사람은 만나는 과정 속에서 그 깊이를 알게 된다.

자기보다 나은 사람으로 채우는 힘

자기보다 높은 급수의 바둑을 두는 사람과 같이 있다 보면 자연히 자신의 실력도 높아진다. 보고 듣고 느끼는 경험의 질이 달라지기 때문이다. 물론 그 반대의 경우도 적용된다. 그렇다면 단순하게 이렇게 생각해볼 수 있다. 나는 누구와 함께 하고 싶은가?

가난 때문에 미국으로 이민을 갔지만 결국 철강왕으로 큰 성공을 이룬 앤드류 카네기(Andrew Carnegie)의 묘비에는 "자기 자신보다 더 현명한 사람들을 주변에 모여들게 하는 능력을 가진 한 남자가 여기에 잠들다"라는 글귀가 새겨져 있다고 한다. 그는 자신보다 훌륭한 사람들을 가까이 할 수 있었던 현명함을 가졌기 때문에 큰 성공을 이룰 수 있었다. 자신의 길을 가는 데 현명하게 갈 수 있도록 등불이 되어줄 사람이 반드시 있기 마련이다. 그 등불을 찾아 주위를 밝게 채우는 사람이 현명한 사람이다. 자기 삶의 지도를 만들고 함께 길을 갈 사람을 찾아 자신의 주위를 채우도록 하자. 지도는 보다 선명해지고 길은 보다 깊어진다.

09

최고의 정신이
최고의 결과를 낳는다

위대함의 비결

"위대한 사람은 단번에 그와 같이 높은 곳에 뛰어오른 것이 아니다. 다른 사람들이 밤에 단잠을 잘 때 그는 일어나서 괴로움을 이기고 일에 몰두했던 것이다. 인생은 자고 쉬는 데 있는 것이 아니라 한걸음 한걸음씩 걸어가는 속에 있다."

로버트 브라우닝의 말처럼 위대함의 비결은 자기 일에 대한 '꾸준한' 몰두에 있다. 그런데 우리는 단 한 번에 그 위대함에 도달하려 한다. 그것이 자신이 위대함에 이르지 못하는 원인인데도 그것을 애써 무시하려 한다. 지나치게 강한 욕구는 스스로를 눈멀게 할 수 있다.

최고가 되기 위한 세 가지 조건

누구나 자기 분야에서 최고가 되어 남들의 부러움도 사면서 멋있게 살고 싶어한다. 하지만 현실에서 그런 사람들은 많지 않다. 누구나 최고가될 수 있지만 아무나 그럴 수는 없기 때문이다. 모든 일에는 어떤 조건이 있다. 그 조건을 충족하지 않으면 그곳에 도달할 수 없다. 다음은 최고가 되기 위한 세 가지 기본적인 조건들이다.

1. 가장 쉬운 분야를 찾는다

최고이기는 한데 어디에서 최고인가? 모든 분야에서 최고일 수도 없고 최고여서도 안 된다. 다른 사람들의 자리도 있어야 한다. 그래서 자신만의 분야가 필요하다.

그렇다면 자신이 최고일 수 있는 분야는 어디에 있을까? 최고의 전문가가 될 수 있는 분야란 다른 곳에 있지 않다. 자신이 가장 쉽게 할 수 있고 가장 잘할 수 있는 일을 하면 된다. 아무리 작고 사소한 일이라도 자신이 최고가 될 수 있으면 된다. 작고 사소한 것, 그래서 남들이 소홀히 취급하는 것, 오히려 그것이 가장 큰 기회가 될 수 있다.

"쉬운 것이 올바른 것이다.

올바르게 시작하면 모든 것이 쉬워진다.

쉽게 앞으로 나아가라. 그게 올바르다.

쉬운 것을 찾아내는 올바른 방법은

올바른 방법을 잊어버리고

그게 쉽다는 것을 잊어버리는 것이다."

《장자(莊子)》의 한 구절이다. 장자는 쉬운 것이 올바른 것이라고 했다. 물론 쉬운 것은 자신이 가장 잘할 수 있는 것이기도 하다. 자신이 가장 잘할 수 있는 일을 순리에 따라서 행하는 것이 가장 올바른 것이다. 왜냐하면 그것이 최고가 되는 가장 쉬운 길이기 때문이다.

자신의 장점을 버리고 남의 장점을 모두 배운다해도 최고가 되기는 어렵다. 다른 사람이 잘하는 분야에서 탁월하기는 어려운 탓이다. 기껏해야 비슷한 수준이다. 그래서 자신이 가장 쉽고 잘할 수 있는 분야의 일을 먼저 찾는 것이 중요하다.

손재주가 좋은 사람이 있고, 발재간이 좋은 사람이 있다. 그림을 잘 그리는 사람이 있는가 하면 눈썰미가 뛰어난 사람이 있다. 남의 마음을 읽어내는 데 탁월한 사람이 있는가 하면 글쓰기가 유난히 쉽게 느껴지는 사람이 있다. 여행하기를 좋아하는 사람이 있고 영화보기를 좋아하는 사람도 있다. 사람은 누구나 한두 가지 독특한 취향과 재주를 타고나기 마련이다.

축구선수 데이비드 베컴(Dav.d Beckham)에게 글쓰기를 요구하면 어떤 결과가 나올까? 그는 글쓰기에서 최고가 될 수 있을까? 개그맨 유재석에게 작곡이라는 분야에서 최고가 되라고 요구하면 어떨까? 축구선수 박지성에서 그림을, 만화가 이현세에게 마라톤을, 가수 설운도에게 양자물리학 분야를 요구한다면 어떤 결과가 나타날까? 누구에게나 자신에게 맞는 분야가 있다.

그것을 찾아서 집중할 필요가 있다. 그러자면 자신을 늘 관찰하고 오랜 기간 지켜볼 수 있어야 한다. 남들이 자신에게 무엇을 잘한다고 하는지 자신은 어떤 부분에 끌리는지 생각지도 못한 부분에서 좋은 결과를 얻은 적은 없는지 살펴볼 필요가 있다. 때로는 자신에게는 사소한 재주라고 느껴지는 것들이 실제로는 아주 중요할 수 있다. 자신이 뻔히 알기에 스스로의 재능을 과소평가하는 경향이 있기 때문이다.

그러자면 자신이 잘하는 것에 자신이 가까이 갈 수 있는 기회를 부여할 수 있어야 한다. 무엇인가를 해봐야 잘하는지 못하는지 알 수 있기 때문이다. 실천 속에서 재능은 확인되며 그 확인을 통해 재능과 욕구는 성장한다. 마사 그림즈(Martha Grimes)의 《작가의 핸드북》에 이런 구절이 나온다.

"우리는 우리가 뭔가 하는 것을 보기 전까지는 자신이 누구인지 알지 못한다."

2. 최고의 열정을 쏟는다

타고난 재주만으로는 최고가 될 수 없다. 아무리 재주가 훌륭해도 훈련하지 않으면 발전할 수 없다. 재주는 하늘이 주되 그것을 갈고닦는 것은 사람의 몫이다. 자신의 몫을 다하지 않고는 절대 최고가 될 수 없다. 필요한 행동을 위한 진도표를 만들고 하루의 시간을 이용해 앞으로 나아가야 한다. 그것도 최고의 노력을 쏟아 부으면서.

나는 독서광으로 불린다. 독서라는 분야에서 최고가 되기 위해서는 많이 읽어야 한다. 그러자면 남다른 노력이 필요하다. 다른 사람이 잠든 시간과 일상에서 흘려버리는 시간을 적절히 활용해야 하고, 항상 손에는 책이 들려 있어야 한다. 그런 노력이 없이 독서광이 될 수는 없는 노릇이다. 소크라테스의 말처럼 "제정신이라면 어떻게 시인이라 할 수 있는가? 영감을 얻고 미쳐야 시인이 탄생한다."

1년 동안 도서관에 틀어박혀서 책만 읽은 젊은이가 있다. 그는 그 1년이라는 시간 동안 미치도록 자신의 적이 누구인지 알고 싶어했다. 그 탐색의 결과를 《적은 내 안에 있다》라는 책을 통해 밝혔다. 그리고 자신을 극복할 수 있는 비밀은 바로 자신의 내부에 있었으며 내부의 동지를 규합해서 내부의 적을 이겨낼 때만 거듭날 수 있음을 알게 되었다. 자신을 이기기 위해 도서관에서 지낸 1년이 그를 최고로 투사로 만든 것이다.

스스로 노력하지 않는 사람은 하늘도 도울 수 없다. 그래서 《논어(論語)》에 "'어찌하면 좋을까, 어찌하면 좋을까' 하며 고민하고 노력하지 않는 사람이라면, 나도 정말 어찌할 수가 없다"는 말이 나온 것이다.

3. 필요한 시간 동안 그 노력을 유지한다

자신의 작은 재능을 최고의 능력으로 키워내기 위해서는 도대체 얼마의 시간이 필요할까? 각자의 분야에 따라 그 시간은 차이가 있을 수 있다. 그리고 그것을 위해 노력하는 정도와 주어진 환경에 따라 달라질 수 있다. 문제는 그 시간이 얼마나 길며 그 시간 동안 견뎌낼 수 있느냐 하는 것이다.

직장인들은 회사일에 하루의 대부분을 보낸다. 그 와중에 자신의 분야를 찾아내고 투자하는 시간을 내기가 쉽지 않다. 하지만 그런 시간을 낼 수 없다면 회사일에 매몰되는 시간도 의미가 퇴색될 수밖에 없다. 인간은 생물학적 삶에 만족하지 못하는 동물이기 때문이다.

직장일로 바쁜 사람들이 억지로 시간을 내서 자기 성장을 위한 노력을 기울이는 이유는 바로 생물학적인 삶의 수준을 넘어서 인간으로서 자기 가치를 실현하고 싶은 욕구 때문이다. 그 욕구가 강할수록 필요한 시간 동안 노력을 지속할 수 있는 가능성이 높아진다. 그리고 그 성취의 수준도 달라진다. 여기서 승패는 오로지 필요한 시간 동안 필요한 행동을 지속할 수 있느냐에 달려 있다.

능력과 재능을 100% 발휘하라

최고가 되겠다는 결단이 왜 중요할까? 최고가 되겠다고 생각하지 않으면 이류에 만족하게 되기 때문이다. 최고가 되겠다는 결심이 최선의 방법을 찾게 하고 최고의 사람들과 함께 일하도록 만든다. 그 결과 그는 더 좋은 결과를 얻어낼 수 있게 된다. 하지만 최고가 되겠다는 생각이 없으면 자신의 능력과 재능을 100% 발휘하지 않고 대충 타협하게 된다. 그렇고 그런 기술로 그렇고 그런 사람들과 그렇고 그런 태도로 임할 것이다. 그 결과는 최선의 결과와는 판이할 것이다.

매순간 최고가 되겠다는 결심을 굽히지 말자. 차선에 만족할 때 나의 재능과 능력을 발휘할 수 있는 기회는 사라진다. 이것 하나만 기억하자. 우리는 최고가 될 수 있다.

> **자기 분야에서 최고가 되라**
>
> 1. 자신에게 가장 쉽게 느껴지고 잘할 수 있는 분야를 찾아라.
> 2. 최고를 위한 노력을 쏟아 부어라.
> 3. 필요한 시간 동안 필요한 행동을 지속하라.
> 4. 최고가 되겠다는 결심을 하지 않으면 차선에 만족하게 된다.

■ 프로페셔널로 살아라

10

성공과 실패를 넘어서

새옹지마(塞翁之馬)

친구가 다니던 제약회사가 망하고 말았다. 덕분에 친구는 실직자가 되었고 뒤늦게 공부를 시작했다. 남들보다 늦게 시작했다는 위기감이 그를 긴장하게 만들었고 시간을 아끼고 아껴 온몸을 던져 공부하더니 공인회계사 시험에 합격했다. 그는 합격 후 이렇게 말했다.

"내가 다니던 회사가 망하지 않았다면 나는 아직도 그곳에서 구조조정을 걱정하며 앉아 있을 거야."

흑백논리를 넘어서

다니던 회사가 망해 실업자가 되었다면 나의 인생은 실패한 것일까? 아니다. 일시적으로 실업자가 되었을 뿐 인생이 실패한 것은 아니다. 하지

이기적인 직장인

만 대부분의 사람들은 이런 경우 순간적인 좌절감에 실직을 인생의 실패로 치부하는 경향이 있다. 그 덕분에 술집이 장사가 잘 되기는 하겠지만 자신의 인생에 도움이 되는 것은 아무것도 없다.

사람은 살아가면서 많은 실패를 경험한다. 대학입시에 떨어지기도 하고, 연애사업에 실패해서 쓰라린 감정의 상처를 맛보기도 하고, 수십 번 도전한 입사시험에서 자신의 무능력만을 확인받기도 한다. 하지만 그 실패의 순간은 시간이 지나면 상처가 아물고 예전의 건강한 모습으로 돌아간다. 우리가 생각하는 실패란 감정의 상처에 불과한 것이지 고정된 사실은 아니다.

여러 권의 책을 내다보면 대중들의 호응을 얻어서 잘 나가는 책이 있는가 하면 나오는 순간부터 아예 고전을 면치 못해서 출판사 식구들 얼굴을 보기가 민망한 경우도 있다. 책이 대중들의 사랑을 받아서 날개 돋힌 듯 팔려나간다면 성공이라고 할 수 있다. 하지만 그 작은 성공에 도취해서 새로운 콘텐츠 개발을 게을리 하거나 글의 완성도를 높이기 위한 노력을 덜 기울이게 된다면 장기적으로 큰 실패로 이어질 수도 있다. 성공이 실패를 가져오는 것이다. 반대로 책을 출판했다가 아주 고전을 한 후 인고의 노력을 기울여 한층 발전된 책을 쓸 수 있게 된다면 그것은 실패가 성공을 가져오는 셈이다. 이렇게 성공은 실패를, 실패는 성공을 가져올 수 있다. 쉽게 말해 실패와 성공은 쉽게 구분될 수 있는 것이 아니며 일시적인 마음의 현상일 뿐이다.

그래서 성공하고 싶다면 실패하는 비율을 두 배로 높이면 된다는 말이 나온 것이다. 열 번의 도전 중에서 한 번 성공한다면 열 번을 성공하기 위해서는 백 번의 시도를 하면 된다. 즉 아흔 번을 실패하면 되는 것이다. 인간은 시도하면서 실패할 수도 성공할 수도 있다. 하지만 시도하지 않는다면 실패도 없고 성공도 없다. 궁극적으로는 아무 행동도 없는 것이 큰 실패가 되겠지만 말이다.

잘 나갈 때 주위를 둘러보라

《한비자》에 이런 구절이 있다.

"이 점으로 미루어 볼 때 복을 얻는다는 것은 화에서 비롯된다고 할 수 있는데, 즉 화가 있을 때 스스로를 삼가면 그 화는 복을 낳아 그 복의 근원이 된다."

화는 복에 의존하고, 화는 공을 이루게 하는 모체라 했다. 사람에게 복이 있으면 곧 부귀가 찾아오게 마련이다. 부귀가 찾아오면 의식(衣食)에 여유가 생겨 하루하루의 삶이 아름다워진다.

하루하루의 생활이 여유 있게 되면 스스로 교만한 마음이 일어나고, 교만한 마음이 생기면 몸을 삼가야 한다는 생각을 잊게 되므로 행동이 도의에 어긋나게 되며, 행동이 도의에 어긋나면 천수를 누리지 못하고 일찍 죽을 것이며, 일을 함에 있어서도 도의를 무시하면 성공하지 못한다. 안으로 일찍 죽을 위험이 있고 밖으로 성공하지 못하는 것은 대화(大禍)이다. 그러므로 화는 따지고 보면 복이 있었던 탓에 생긴 것이다. 그러므로 노자는 "복에는 화가 숨어 있다" 라고 했다.

순간의 성공에 도취되지 말고 작은 실패에 너무 마음 뺏기지 말자. 혹 인생의 그늘에서 잠시 쉬고 있거나 나는 왜 성공하지 못하는가에 대해서 조바심을 내고 있는 사람이라면 이 점을 분명히 기억할 필요가 있다.

세상에는 영원한 성공도 영원한 실패도 없다. 성공이냐 실패냐 하는 것은 일시적인 사건에 대한 마음의 상태를 말하는 것일 뿐이며 지금 자신의 상황에 대해서 어떤 마음가짐으로 대처하느냐에 따라 얼마든지 상황은 변할 수 있다. 결국 성공이냐 실패냐는 매순간 내가 어떤 마음을 갖느냐의 문제에 불과하다. 자신이 건강한 마음가짐과 태도를 가졌다면 영원히 실패란 존재하지 않는다.

내 마음속에 밝음과 배움의 정신이 깃들어 있는 한 성공은 가까이에 있다.

성공과 실패를 넘어서

1. 성공과 실패는 한 순간의 상태일 뿐이다.

2. 매순간 자신이 어떤 마음을 갖느냐에 따라 성공이 되기도 하고 실패가 되기도 한다.

3. 행복은 성공과 실패라는 현상에 좌우되지 않고 자신의 마음 상태에 의해 결정된다.